会社では教えてもらえない

上に行く人の報連相のキホン

車塚元章 Motoaki Kurumazuka

すばる舎

はじめに

報連相（報告・連絡・相談）というと、新入社員がこれから仕事をするにあたって、最低限身につけなければならないスキルのように思うかもしれません。

でも、そのイメージは半分正解、半分不正解です。

報連相が必要なのは新入社員に限りません。仕事に慣れてきた若手ビジネスパーソンにとっても大事な仕事の基本と言えます。

私は人材育成コンサルタント・研修講師という仕事柄、多くのビジネスパーソンと日々関わり合いを持っています。しかし、報連相については新入社員研修で教えてもらったものの、実践できている人は意外と少ないと実感しています。

先日も打ち合わせで訪問したある企業で、こんな場面に遭遇しました。

上司「もうすぐ○○さん（お客様）が来社するけど、準備できている？」

部下「会議室は押さえていますし、準備できています」

上司「そうか。君のお客様なんだから、しっかり頼むよ」
部下「はい、わかりました！」

この上司と部下の会話を遠目で聞いていて、「あっ、まずいかも……」と私は直感的に感じました。ひと言に「準備」と言っても、この2人の間に共通の認識があるのだろうかと。

私が打ち合わせを終えて帰ろうとしていると、また先ほどの上司と部下とのやりとりが聞こえてきました。

やはりこういう直感は当たるものですね。

上司「だから、準備しておくように言ったじゃないか」
部下「自分としては準備したつもりで……」
上司「つもりじゃダメなんだよ。わからないなら、何で相談しないんだ！」

上司から見て、部下の準備は足りなかったようです。

部下としては「上司がもっと的確に指示をしてくれたら」と思いたくなるかもしれ

ません。

しかし、上司は1から10まですべて丁寧に指示してくれるとは限らないのです。自分の仕事であれば、やはり自分で考え行動しなければ進歩はありません。

「報連相」とは、どんな仕事にも共通する「仕事の基本」です。

ただ指示を待って、上司から言われるまで動かなければ、どんなにクオリティの高い仕事をしても評価してもらえません。

仕事で成果を出し、評価を得るためには、いかにうまく「報連相」を活用しているかどうかが大きなポイントとなります。

本書では、「今さら必要ないのでは？」と思われている「報連相」に焦点を当て、きちんと仕事をこなしているのに評価されない、仕事が思うように進まない、と悩んでいる若手のビジネスパーソンの方を対象にしています。

本書の内容を少しずつ実践することで、上司からのあなたへの評価がガラリと変わり、どんどん仕事を任されるようになります。また、今までの何倍もスムーズに仕事を進めることもできるでしょう。

報連相は、あなたに与えられた権利であり、また義務でもあります。

自分のために報連相することで、上司や関係者から学べる機会が多くあります。また、会社という組織で仕事をしている以上は、組織のための報連相をする義務もあるのです。

今まで当たり前と思っていた「報連相」を見直すだけで、あなたの評価は必ず上がっていくはずです。

あなたのこれからの人生に少しでもお役に立てることができれば、著者としてこれほど幸せなことはありません。

車塚 元章

２０１７年12月

会社では
教えてもらえない
上に行く人の報連相のキホン
目次

第1章 今さら報連相って本当に必要？

第2章 評価がみるみる上がる！報連相のキホン

第3章 いつも最優先で聞いてもらえるムダのない報告

第4章 細かい連絡で信頼を勝ち取る!

第5章 仕事が驚くほどスムーズに進む相談の秘訣

第6章 上司の「YES」を引き出す！上に行く人の報連相

カバーデザイン　小口翔平＋岩永香穂（tobufune）
本文デザイン・図版　松好那名（matt's work）
イラスト　白井匠

第1章

今さら報連相って本当に必要？

Basic works of Hourensou

Basic works of Hourensou

1

一流の人ほど「報連相」を仕事の要にしている

!

新人からベテランまで、
どの年代にも欠かせない

今さら報連相っていちいち必要？

「あとで報告すればいいや……」
「いちいち連絡しなくてもいいよね……」
「『いつでも相談して』って上司に言われたけど、まずは自分でやってみよう……」

このように、報連相を後回しにした結果、ミスやトラブルが発生し、取り返しのつかないことになったという経験をしたことはないでしょうか？

新入社員の頃には多くの企業で「報連相研修」があったり、上司から口うるさく「こまめに報連相するように」と言われ、頻繁に報連相するように心がけていたと思います。

しかし、入社数年目にもなると仕事に慣れ、「いちいち報連相する必要はない」と自分で線引きしてしまう人が多いようです。

私は研修講師として、多くの企業で新入社員から管理職までの研修をしています。

その中で、「今さら報連相なんて必要ない」と報連相をおろそかにして、上司からの信頼を知らないうちに失っているビジネスパーソンを多く見てきました。

一方で、上司からの信頼が厚く、仕事を任せられている人もいます。

彼らはいつも上司が求めているタイミング、内容で報連相ができています。

では、彼らの報連相はほかの人の報連相と何が違うのでしょうか？


それは、**「上司の立場に立って報連相をする」**という点です。


どんなにささいな情報だとしても、自分一人では判断せずに、上司の立場に立って必要な情報を伝えています。

「もう自分一人で仕事はできる」という少しの余裕が、「こんなことも報告できないのか！」と、あなた自身の評価を落とす原因になりかねないのです。

適切な段階でフィードバックをもらうために

実は、報連相が本当に必要になってくるのは入社数年後です。

ある程度、仕事ができるようになった段階で、どれだけ上司に報連相をし、フィードバックを得られるかどうかが、「上に行く人・行かない人」の大きな分かれ道なのです。

「とにかく結果を出せ！」と、日頃から口うるさく言っている上司も、実はあなたの仕事の過程、つまりプロセスや仕事の進め方にとても関心があります。

どのようなプロセス（経過）で成果が出たのかを上司は知りたいのです。

もちろん、正しいプロセスを経た成果であればいいのですが、たまたま出た成果であれば、仕事の進め方を見直さなければなりません。

また、チームで仕事をする上で、上司は部下一人ひとりの動きも把握する必要があります。部下一人の動きが把握できないだけで、チームの動きが止まってしまうことがあるからです。

ですから、上司は「部下の報連相を受ける必要がある」と常に思っています。

部下の立場からすると、忙しそうな上司を見て、話しかけるのをやめてしまうこともあるでしょう。

しかし、上司に細かく報連相をし、仕事の進め方を知ることで、適切な段階でフィードバックをもらえ、安心して仕事を任せてもらえるようになります。

報連相を上手に活用することで、あなたの成長をアピールする、絶好の機会を得ることができるのです。

報告・連絡・相談のそれぞれの意味を考える

入社数年目に必要な報連相とは、ただやみくもに出来事を伝えるだけではなく、上司が次の指示を出しやすい報連相です。

報連相の目的を簡単に説明すると、次の3つです。

報告：情報をもとに上司が次の判断、指示をしやすくするため

連絡：関係者との間で、情報を共有するため

相談：一人では解決できない事柄について、意見やアドバイスをもらうため

この3つの目的を軸に考え、上司へ報連相をすることができれば、的外れな報連相をすることはなくなるはずです。

上司から指示を受けるときにも、この3つの目的に沿って考えることで、上司の指示を先読みすることができます。

指示待ちではなく、上司の指示を取りに行く姿勢は、あなたの評価をグンと上げてくれるでしょう。

「報連相なんて、仕事を始めたばかりの新入社員がするもので、ひと通り仕事ができるようになったらいらない」と考えてしまうかもしれません。

しかし、**仕事は上司や先輩、後輩と一緒にチームで達成するもの**です。

チームでスムーズに仕事を進めるためにも、報連相は新入社員からベテランまで欠かせないビジネススキルなのです。

そして、周りができていない「上司が求めているレベル」以上の報連相ができれば、周囲からの評価が上がる、仕事をどんどん任せられるようになるなど、あなたにとってのメリットが多くあるはずです。

上司に「いいね!」と思われる報連相とは?

✕ 上司から聞かれるまで何もしない

○ 先回りして上司の指示を引き出す

先読みして上司の指示を引き出すことで、
驚くほど評価が上がる!

Basic works of Hourensou

2

ミスやトラブルの9割は「伝え漏れ」が原因

!

「伝えたつもり」の報連相では甘い

「こんなことまで報告しなくてもいいか」

今でこそ、「報連相研修」をしている私も、社会人2～3年目には「報連相なんて今さら必要ない」と思い込んでいました。

「もう仕事は一人でできる」と、自立した気分になっていたのです。

証券会社の営業をしていたとき、担当しているお客様からいただいた要望を自分だけの判断で進め、上司に報告しなかったことがありました。

その結果、お客様は私の上司に連絡をし、私はひどく上司に怒られたのです。**自分では順調に仕事が進んでいると思っても、それは「自分一人の判断基準」でしかない**ということを痛感した瞬間でした。

上司から仕事を頼まれたときやトラブルが起きたとき、このように考えてはいないでしょうか？

・細かなことまで報告する必要はない
・人に相談しなくても、自分の力でなんとかできる
・上司に悪い話はしたくない、後回しにしたい
・そもそも報連相の正しいやり方がわからない
・報連相しても上司が聞いてくれない

先ほどもお伝えしたように、上司は部下の仕事の過程に関心があります。上司はいつでも「報連相」してほしい。でも部下は「報連相するほどのことでもない」と思う。ここに大きなギャップが生まれています。

「報連相する・しない」の基準を自分で決めてしまうと、ミスやトラブルを引き起こす大きな原因となるのです。

「伝わっていない」を前提に

上司「そういえば、先週頼んだ資料ってもうつくり終わった?」
部下「終わったのでもうお客様にメールでお送りしました」

上司「あ、そうなの。一応ちゃんと報告してくれないと困るよ……」
部下「(ちゃんと伝えたんだけどな……)」

このように自分では伝えたつもりなのに、上司には伝わっていないという経験はありませんか?

せっかく頼まれた仕事を完璧にこなしたのに、「聞いてないよ」と言われてしまうのは非常にもったいないことです。

また、当たり前のことですが、報連相は相手に伝わらなくては意味がありません。あなたが上司に伝えているつもりでも、上司が伝わったと思わない限り、報連相したことにはならないのです。

実は、この「報連相しているつもり」という状況が、多くの職場で問題になっています。部下は報連相しているつもりでも、上司からしてみると報連相されたと思っていない。このようなミスマッチが現実に起こってしまっています。

私も含め、人は基本的に自己中心です。自分を基準に物事を考える傾向があります。

報連相でも、伝えることだけにとらわれてしまい、上司がその内容を理解できたかどうか、伝わったかどうかまで関心がないのです。

報連相とは一方的ではなく、双方が理解することによって成り立つコミュニケーションです。「報告しろ」と言われたから仕方なく報連相しているだけでは、お互いの主張はわからないままです。

たとえば、友人に何かを相談するときには、自分の主張が相手に伝わっているかどうか確認するでしょう。

報連相も同じように、たとえ相手が上司であろうと自分の主張が伝わっていることを確認することが必要不可欠です。

一方通行の報連相ではなく、双方向の報連相ができるようになれば、仕事はより一層あなたのペースで進めることができ、ミスやトラブルも減っていきます。

報連相は相手にきちんと伝わらないと意味がないのです。

ミス・トラブルを減らすためには

✕ とりあえず「伝える」だけ

○ 「伝わった」ことを確認する

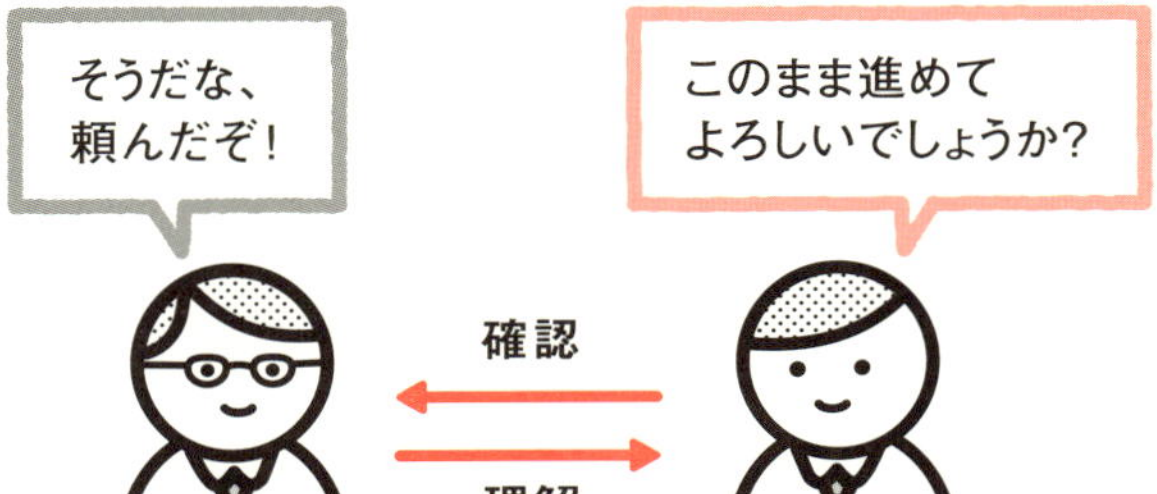

できる人は「相手が理解したかどうか」まで確認する

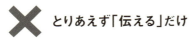

Basic works of Hourensou

3

上司の「後にして」は当たり前。どう滑り込むか？

!

多忙な相手はとにかくタイミングを読む

余裕がなさそうなときは、さっと引く

「上司はいつも忙しくて話を聞いてくれない」

「聞いてもらえるタイミングがわからない」


こんな悩みを抱えている方も多くいらっしゃるでしょう。

「相手の立場に立って物事を考える」。よく聞くフレーズですが、これほど難しいことはありません。

でも、報連相では相手にとって必要な情報を、必要なときに、必要なレベルで提供することが重要です。

とくに、上司に対する報連相は最も頻繁に行われるはずですし、常に上司の立場で報連相を考える必要があります。


まずは、**上司は「いつも忙しい」**ということを頭に入れておきましょう。

忙しい中で、「上司が最低限知りたい情報は何か？」「上司が知りたい情報はどのレ

ベルなのか？」「どういった手段で報連相してほしいのか？」などを、報連相する前に頭の中で整理すれば、何を伝えればいいかが明確になります。

常に上司が求めているレベルで報連相ができれば、あなたの評価は劇的に変わっていくはずです。

しかし、上司が明らかに機嫌が悪そう、珍しくイライラしている、トラブル対応で忙しそう、さすがの課長も少し余裕がないという日もあるでしょう。

そう感じたら、少しタイミングをずらすことが大切です。

そのようなときに話しかけても、まともに話を聞いてもらえませんし、よけいに上司の機嫌を損ねてしまうことにもなりかねません。

上司も人間です。機嫌の波が激しいときももちろんあります。

ですから、「相手の立場に立って、タイミングを見極める」ことも大切なのです。

今お時間よろしいでしょうか？
わるい！後にしてくれ！

スキマ時間を狙う

上司の忙しそうな曜日や時間帯を把握しておくということも、後回しにされないための予防策となります。

1日の中でも、少し余裕を感じられる時間帯があるはずです。

「課長はいつも誰よりも早く7時30分には出社している。8時まではゆっくり過ごしているので、その間に相談しよう」と決めておくのも手です。

基本的に上司は「いつも忙しい」と考え、話を聞いてもらうためには「上司の都合のいいタイミング」を見つけることが重要です。

また、「こういう状況のときは報連相する」といったスケジュールを組んで、それを上司に事前に伝えておくことで、報連相のアポイントを取ることも有効です。

たとえば、「ここまで業務が完了した時点で、一度中間報告をさせてください。来週の火曜日を予定していますが、よろしいでしょうか？」とあらかじめ伝えておけば、上司もその時間帯には少し余裕を持ったスケジュールを組んでくれるはずです。

報連相のタイミングをあらかじめ決めておく

案　件	A
期　間	2カ月
報告日	毎週金曜日
時　間	9:30から
内　容	進捗と今後の進め方について

あるいは、「今回の案件は2カ月の長期に渡るので、毎週金曜日に進捗について報告させてください」という形でもいいでしょう。

上司の都合がいいタイミングがつかみづらいなら、前もって上司のスケジュールを押さえてしまえばいいのです。

報連相しなければいけない情報に対して、「いつ報連相するのか」を見極める力を持つことも、信頼されるビジネスパーソンへの近道です。

Basic works of Hourensou

4

報連相は「速さ」に最大の価値がある

!

自分で持っておかず、
さっさと上司に「渡す」ことで先に進む

トラブルを未然に防ぐ

仕事上のミスやトラブルは新人だけでなく、誰にでも起こります。

そして、一度起これば対処したり、リカバーすることにかなりの労力を費やすことになります。

ですから、未然に防ぐことができればベストです。


当たり前ですが、上司には多くの経験や実績があります。

その**上司の経験や実績を、報連相によって「借りてくる」ことができる**のです。

これまで行ってきた仕事について報告や相談をすれば、上司は次の展開に向けたアドバイスをしてくれるはずです。

「君の報告はよくわかった。ここまでは順調のようだな。しかし、今のやり方をそのまま続けると、お客様からのクレームになる可能性がある。別の方法も考えよう」と、アドバイスをもらえれば、思いもよらないミスやトラブルなどを事前に回避することができます。

報連相のメリットは、このように「上司の経験や実績を自分のものとして取り込むことができる」という点にあります。

うまく使いこなせば簡単に上司からアドバイスがもらえたり、助けを求めることができるのです。

上司からのアドバイスで、自分では思いつかなかった対処法などを学び、次にトラブルが起きたときにも活かすことができます。

報連相することによって、知らない間にあなた自身が成長できるのです。

すべての仕事の基本

報連相することで上司に助けてもらう一方で、上司を補佐することもできます。たとえば、上司が忙しくて、今日中にお客様へ送らなければならない資料に目を通せていないとしましょう。

もしその資料にミスがあった場合、お客様からの信頼を失うことになります。

そんなときに、あなたが入念にチェックを行い、ミスを報告することができれば、「よく知らせてくれたな。おかげでお客様とトラブルにならずに済んだよ。ありがと

すばやい報連相ができれば…

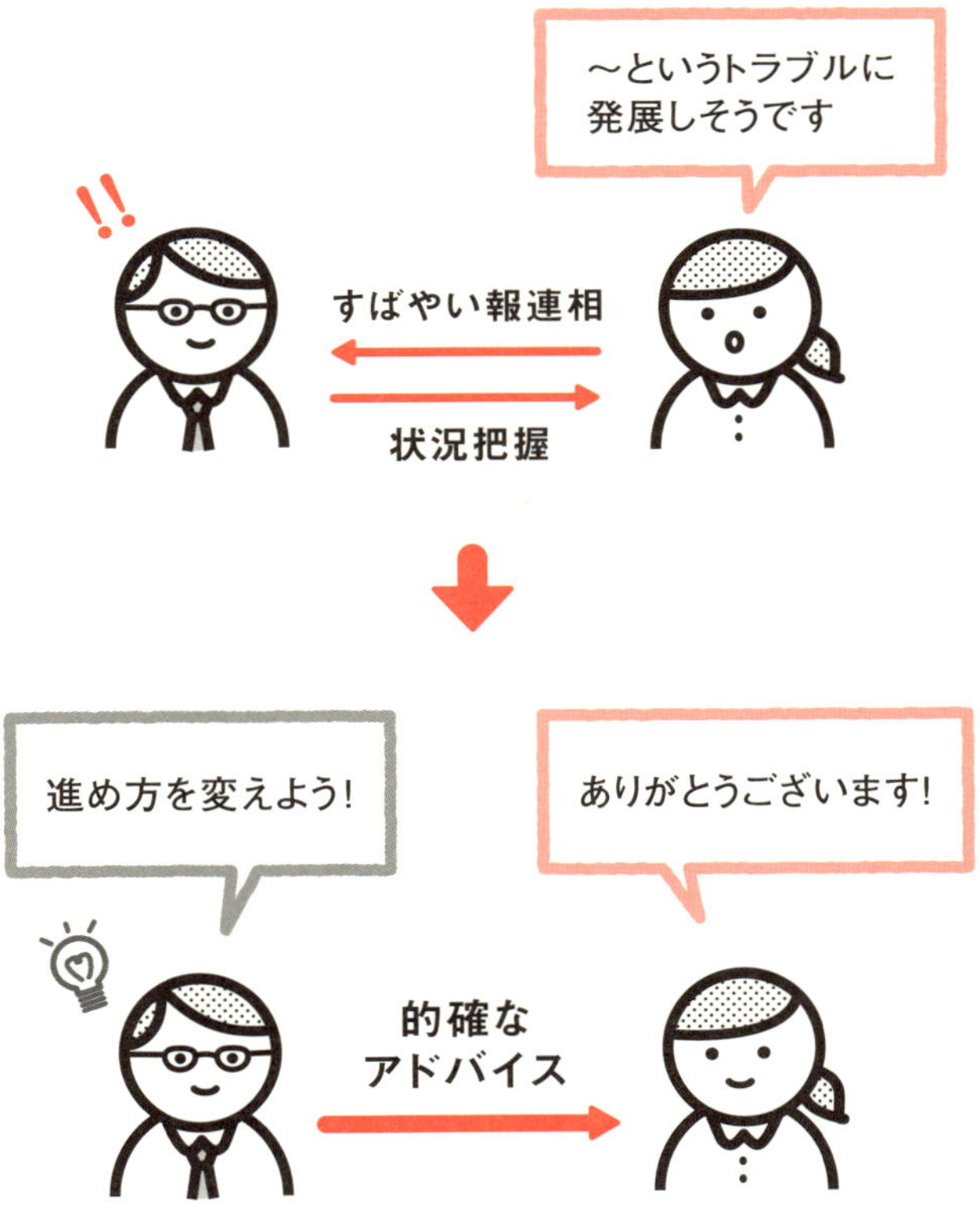

自分では対処できないトラブルも、
ラクに解決できる!

う！」と上司から言葉をかけてもらえるはずです。

このように**報連相はコミュニケーションでありながら、ミスやトラブルを事前に防ぐ「手段」でもある**のです。

報連相が「すべての仕事の基本」と言われるのは、「わかりやすく簡潔に伝えるスキル」だけではなく、「仕事の段取りがうまくなるスキル」「周りを見て判断するスキル」「自ら成長するスキル」が身につけられるからです。

仕事をスムーズに進める手段として報連相をうまく活用し、自立した信頼されるビジネスパーソンに成長していきましょう。

第2章

評価がみるみる上がる！報連相のキホン

Basic works of Hourensou

Basic works of Hourensou

5

「もらえる時間は1分」と心得る

!

「いつも長くてわかりづらい」と
思われると後回しに

いつも後回しにされる人の共通点

上司に報告している途中で、「○○さん。悪いけど、その報告ちょっとあとにしてもらっていいかなぁ……」と後回しにされる。

みなさんも一度はこのような経験があるのではないでしょうか?

どんなに忙しい上司でも、部下からの報告・連絡・相談は聞きたい、聞かなければいけないと思っています。

なぜなら、部下からの報連相を聞かなければ、仕事がちゃんと進んでいるのか、問題が起きているのかどうかがわからないからです。

それにもかかわらず、こう言われてしまうのはなぜなのでしょうか?

実は、上司としては「今時間がないから、あとにしてほしい」と言っているわけではなく、「あなたの報告は長くて、内容もわかりづらい。改めて時間をとるので、あとにしてほしい」と遠回しに言っているのです。

たとえば、あなたが締切間近の仕事に追われているときに、後輩がこんな報告をしてきたらどうでしょうか。

「先輩！　昨日訪問したA社ですが、訪問してみるとびっくりしまして。というのも、思っていた以上に大きなビルに入っていまして、受付がどこか迷ってしまいました。それでですね、やっと受付にたどり着いたのはいいのですが……」

思わず「忙しいからあとにしてくれ！」と言いたくなってしまいますよね。

これは上司も同じです。

しかし、たとえ忙しくて時間があまりなくても、簡潔でわかりやすい報連相であれば上司は聞いてくれます。

でも、**ダラダラと何を言っているのかよくわからないような報告では、後回しにされてしまう**ということなのです。

「3点要約法」でムダをゼロに

くり返しになりますが、基本的に上司は忙しいものです。あまり長い話を聞く時間を確保できないため、部下に対して、わかりやすい報連相を期待しています。

報連相では、「上司の時間をもらっている」と意識することが大切です。

上司の時間をもらっていると考えれば、伝えなくてはならない情報を頭の中で整理し、限られた時間の中で伝えるようになります。

簡潔な報連相のために、まずは次の「3点要約法」を覚えておくといいでしょう。

報連相の早い段階で「3つご報告があります」「連絡したいことが3つあります」というように、ポイントを3つに絞り込んで話をする方法です。

「1つ目は○○、2つ目は△△、そして3つ目は××です。では、まず1つ目の○○から……」

このように切り出すことで、上司は聞く姿勢となり、「その話ならそれほど時間も取られないだろう。では、今聞こう!」という心構えができます。

最初に報連相の全体像を伝えることで、実際の報連相の時間も短く感じることができ、「○○さんなら、短い時間でわかりやすく報告してくれるはずだ」と、上司からの信頼を得ることができます。

ここまでいけば、後回しにされることなく、貴重な時間を割いてでも上司はあなたの報連相に耳を傾けてくれるようになります。

伝えなければいけない情報はどれ?

- 初めて訪問したから緊張した
- 担当は西野さん
- A社はもう少しコストを下げたい
- 他社がうちより5万円安く提案している
- 西野さんは優しかった

ポイントを3つに絞り込めば、
簡潔でわかりやすい報連相ができる

Basic works of Hourensou

6

「何を伝えたいか」以上に「相手は何を知りたいか」

!

情報の重要度は
受け取る側が決めるもの

報連相の「目的」をハッキリさせる

前項で「わかりやすい報連相は短い」とお伝えしました。

しかし、報連相すべき内容を省略していい、というわけではありません。

簡潔に短く報連相しようと意識しすぎると、「情報量が足りないから判断できない」と一蹴されてしまいます。

報連相とは、コミュニケーションです。つまり、他者と情報をやりとりする行為です。ですから、どのような情報を集めるのかが、何より重要だと言えます。

そこで、報連相する内容に関わる情報を、できるだけ多く集めることから始めましょう。


たとえば業務連絡をするなら、あなたが伝えたい情報や、伝えたほうがいいと思う情報を最初に集めます。

それにプラスして、関係者が知りたい情報や、知りたいと思われる情報も集めます。

つまり、**「自分が伝えたい情報」と「相手が知りたい情報」という2つの視点で情**

報収集することが重要です。

次に、集めた情報を簡潔でわかりやすく報連相するためには、「何のために報連相するのか」という目的に立ち返ることが大切です。

報連相の目的を明確にすることで、「何を伝えなければいけないのか」「何を伝えたいのか」ということもハッキリと見えてきます。

「5W2H」でまとめれば、情報の抜け漏れがなくなる

では、報連相の目的がわかったら、簡潔にわかりやすく情報をまとめてみましょう。

ここで役立つのが、集めた情報を「5W2H」でまとめることです。

・When（いつ）年月日、時間、期間、期限、納期
・Where（どこで）場所、位置、住所、空間
・Who（誰が）対象者、相手、該当者、担当者、責任者
・What（何を）対象物、対象内容、依頼用件、報告内容
・Why（なぜ）理由、目的、意図、根拠

・How（どのように）方針、方法、手段、施策
・How much（どれだけ）予算、金額、コスト、数量

「いつ起こったことなのか」「それはどこで発生したのか」「そして、理由は何なのか」といった点に気をつけて、情報を整理することがポイントです。

情報を「5W2H」で整理しながら、もし不足している情報があったら追加で収集すればいいので、情報の偏りや漏れを防ぐことができます。

「そういえば納期がハッキリしていなかった。このあと確認しよう!」

「予算について業者から情報があがってきていない。確認しよう!」

このように自分でチェックすることで、伝え忘れもなくなるため、上司に正しい情報を報連相することができます。

私たちは、自分の関心のある情報については無意識で集めようとします。

でも、あまり関心のない情報については、どうしてもおろそかになります。

しかし、**自分にとっては関心がない、重要だとは思わない情報も、上司にとっては貴重な情報かもしれません。**

上司とのギャップを埋めるためにも、集めた情報を「５Ｗ２Ｈ」に当てはめて整理することを習慣化しましょう。

まずは情報を整理しよう

When いつ	12月1日（金）15：00～16：00
Where どこで	△△商事会議室
Who 誰が	営業部　伊藤
What 何を	新商品の発表会見
Why なぜ	商品のお披露目、認知度向上
How どのように	タレントを起用し、マスコミを呼ぶ
How much どれだけ	予算○○万円まで

伝える情報を「5W2H」でまとめることで、情報の抜け漏れが防げる！

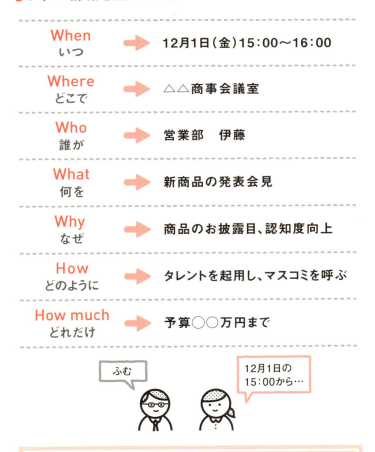

Basic works of Hourensou

7

出された指示が完璧とは限らない

!

たしかな報連相をするために
「確認」が必須

聞いておけばよかった…

上司「悪いけど、このデータを明日までにまとめておいてくれる？　今からお客さんのところに行かなくちゃいけなくて。今日はもう戻れないから、よろしくね」

部下「明日までですね。はい、わかりました」

このように、あなたに指示を出して、上司がさっさと外出してしまうこともあるでしょう。

しかし、あなたは指示されたデータをまとめようと資料を見てびっくり。

「えっ、これって何のデータ？　どんな資料としてまとめればいいの？　それに明日って言っても、何時までに完成させればいいの？　あ〜、どうしよう。確認しておけばよかった……」

このような状況にならないためにも、**「上司から指示を引き出す」**ことが大切です。

たとえば、先ほどの例で考えると、引き出すべき指示は次のようになります。

・納期はいつか
・どのような手順で仕事を進めるか
・アウトプットはどのような形にするのか
・誰に手伝ってもらうのか
・中間報告はいつするのか
・報告の仕方は口頭がいいのか、文書がいいのか

まずは、このようなことをその場で決めてしまいます。そうすることで、指示された仕事はスムーズに進み、的確な報連相もできるようになります。

あとになってから確認するのではなく、指示を受けた段階で疑問点をすべてクリアにしておけば、自信を持って仕事を進めることができます。

報告の仕方まできちんと指示を受ける

つまり、指示を受けたその場で仕事のゴールイメージを持ち、上司の指示を引き出すということです。

そして、ゴールまでの道筋をある程度描いていきます。

先ほどのAさんの事例であれば、

「提出する資料はどのような形にまとめればよろしいでしょうか？」

「明日の何時までに完成すればよろしいでしょうか？」

「データはサーバーの◯◯ファイルに入れておけばよろしいでしょうか？」

このように確認してゴールをイメージできれば、慌てることなく仕事を進めることができるはずです。

とはいっても、上司からうまく指示を引き出せなかったり、聞きたかった答えが返ってこないこともあるでしょう。

そのような場合でも、**「とりあえず報連相しておけば、上司ならきっとわかってく**

れるだろう」とか、「これはちょっと報告しづらい内容だけど、上司ならなんとなく察してくれるだろう」などという期待は禁物です。

報連相は双方向のコミュニケーションです。あうんの呼吸は通用しません。仕事がひと区切りつき、次の作業についての指示をもらいたいと思えば、「このあとの作業について、指示をください」と、具体的に伝えることが必要です。

やり直しを減らすために

仕事のゴールをイメージし、
「引き出すべき指示」を整理する

Basic works of Hourensou

8

何を聞かれてもOKなように、メモをつくる

!

たとえば訪問先で出た話、
出席者、訪問日など

普段から面談などのポイントを書き残しておく

上司から指示を受ける段階で、指示内容を誤解してしまっては、このあとに続く仕事や、報連相は意味がないものになってしまいます。

そこで、指示を受ける際には、メモを活用し、必ず指示内容を確認するようにしてください。

最後の確認作業では、ゴールイメージを明確にし、上司とあなたの認識にズレが出ないように、聞き間違いがないようにしましょう。

「では、最後に確認させてください。作業は……、納期は……。以上で間違いないでしょうか？」

このように、基本的には、その場で確認すればOKです。

しかし、指示内容が複雑だったり、長期間に渡る作業についての指示、あるいはほかの人を巻き込んで行う作業が発生する場合では、改めてメールや書面で確認することも必要になってきます。

私も新人の頃にはよく「メモを取りなさい」と言われたものですが、メモは報連相するときにも非常に役立つアイテムです。**普段から自分が行ってきた仕事について、簡単なメモを残しておけば、上司に報連相する際に、そのメモが活きてきます。**

たとえば、A社に訪問したことを上司に報告するとしましょう。

部下「先月、A社を訪問した際に出た話なのですが……」

上司「それはいつの話？」

ここで、メモを活用し、「先月の5日です。先方は○○課長でした」と聞かれたことに正確に答えられれば、上司からの評価を一気に上げることができます。

逆に、「え〜と、たしか上旬でした。先方は2人か3人だったと思います」とあいまいに答えてしまっては、「仕事ができない人」と一瞬で評価されてしまいます。

メモ自体を上司に見せることはないでしょう。ただ、細かい点などを質問された場合にはそのメモが活きてくるのです。

メモ1枚で、報連相はスムーズに!

確認されたときのために、メモを取っておく

聞かれたことに正確に答えられる!

Basic works of Hourensou

9

「知らせる」だけならメールやLINEでもいい

!

上司と連絡手段をすり合わせておく

報連相は必ず〝直接口頭〟であるべき？

みなさんの中にも「報連相は必ず直接口頭でするものだ」と思っている方もいらっしゃるのではないでしょうか。

たしかに、口頭で直接報連相できれば、それが一番良いでしょう。

しかし、たとえば上司が外出中に緊急事態が起きたとき、上司が帰社するまで待ってから報告することがベストな選択と言えるのでしょうか？

ひと昔前であれば、報連相は直接会ってするのが当たり前で、「電話で相談なんて相手に失礼」「メールで連絡なんて常識知らず」と言われました。

しかし、状況によっては、口頭以外で報連相するほうが良い場合もあるのです。

臨機応変に場の状況を考え、報連相を受ける側にとって都合が良い、あるいは受ける側が指定した伝達手段であれば問題ありません。

報連相を受ける側が承知していれば、ＬＩＮＥや携帯メールを使った報連相でもかまわないのです。もし、メールやＬＩＮＥで「失礼かな」と気になるのなら、ひと言

「メールでのご連絡失礼いたします」など付け足すと良いでしょう。

ちょっとした連絡や報告などは、直接会って行うより、携帯メールやＬＩＮＥを使うほうが効率も良く、データが残るというメリットもあります。

また、とりあえず早く結果を知りたい、知らせたいという場合や、電話しても上司が出られそうもない状況が予想される場合などにも使えます。

たとえば、上司の営業課長から「このあと、２時間は会議のため、電話に出られそうにもない。だから、Ｃ社との契約の結果がわかったら、とりあえずメールで知らせてほしい」という指示があれば、結果がわかり次第すぐにメールで知らせます。

「Ｃ社の受注決まりました。詳細は帰社後に直接報告します」

これだけの内容で十分です。くわしい報告は帰社後に口頭で伝えればよいのです。

状況に合わせて連絡ツールを使い分ける

反対に、重要な内容の報連相のときは、いったん口頭で報告したあと、言い間違い・聞き間違いがないよう再度メモで報連相を行ったり、メールを送ったあとに確認

のために電話で報連相するといった**〝ダブル報連相〟なども必要**になります。

最近ではビジネス用としてのSNSも多く登場しているので、今後はさらに使いやすくなるはずです。

これだけ多くの連絡手段があるのですから、状況に合わせて連絡ツールも使い分けて、スピーディーな報連相を心がけましょう。

Basic works of Hourensou

10

「お時間よろしいですか？」よりも「3分ください」

!

「3分ならいいか」と思ってもらえる

どれくらい時間がかかるかの見通しを

私がコンサルティング会社に勤めていた頃、上司の席に後ろから近寄って、いきなり「あの～、この間の件ですが……」と声をかけてしまったことがあります。

その瞬間、上司はビクッとして「びっくりしたなぁ。『お時間よろしいですか』って声をかけるのが礼儀だろ」と言われてしまいました。

かつての私のように、いきなり声をかける〝いきなり報連相〟はNGです。

上司に「今、時間を確保してほしい」という場合なら、「今、お時間よろしいでしょうか？」と切り出してみましょう。

上司が相手の報連相では、上司の都合を確認することが極めて大切です。

しかし、枕詞のように「お時間よろしいでしょうか？」とただ確認すればいいというわけではありません。

忙しい上司に対して、「時間を割いてもらってありがとうございます」という感謝の気持ちを持つことも欠かせません。

さらに有効なのが、**報連相に割いてほしい時間を具体的に示す**方法です。

「○○の件でご報告があります。3分ほどお時間いただけますでしょうか?」

このように聞かれれば、上司が忙しいとは言っても、「3分ならいいか」と思ってもらえる可能性が高くなります。

「今、お時間よろしいでしょうか?」では、上司としてもどれくらいの時間がかかるのかわかりません。それに、報告する側にとっても時間制限がないので、よけいなことまで話をしたり、ダラッとした報告になる可能性も出てきます。

そこで、具体的に3分とか、5分といった時間を区切るようにします。

また、**時間を提示する前に、報告なのか、連絡なのか、相談なのかを伝えることもおすすめ**です。

相手が何の話かすぐに理解できるため、時間を割いてもらえる可能性が非常に高くなります。

上司の都合を確認する方法を、状況に応じて使い分けてみるといいでしょう。

話を聞いてもらえる人・聞いてもらえない人の差

✕ 自分の都合でいきなり話しかける

○ 上司の都合を確認する

具体的な時間を提示すれば、
上司が時間を割いてくれる!

第 3 章

いつも最優先で聞いてもらえるムダのない報告

Basic works of Hourensou

Basic works of Hourensou

11

どんな報告のときも「結論から言う」のが鉄則

!

途中で時間切れになっても大丈夫なように

いつも「何が言いたいの？」と言われる…

部下「昨日B社に営業に行ったのですが、あいにく担当の方が不在でして、でも、代理の方が対応してくれたのですが、その方にはあまり今回のサービス内容をご理解いただけていないようでして……」
上司「それで、何が言いたいの？」
部下「えっと……契約が取れませんでした」

このように、報告の最中に「何が言いたいの？」と上司から言われてしまった経験はないでしょうか？

「結論から報告しないといけない」と頭ではわかっていても、言いづらい報告だとついつい結論を先延ばしにしてしまうものです。

また、結論から報告したところで、上司は必ずその結果に至った過程を聞きます。

それなら、「結論から話す必要はない」と思う方もいらっしゃるでしょう。

しかし、**部下から上司への報告の場面で、上司にとって一番関心のあることは「結論」**です。

業務が無事に完了したのかどうか、どのような結果になったのか、といったことに一番関心があります。ですから、まずは上司にとって一番聞きたい結論から伝えます。

また、私たちに与えられた報告の時間は限られています。

もし、あなたの報告の途中で〝時間切れ〟となったとしても、結論から報告し始めれば、一番重要なことだけは伝えることができるのです。

さらに、結論から報告することで、上司としてもその報告に対してどのくらい時間を割けばいいかを判断できます。このまま進めて良さそうであれば、3分程度で報告は終わるでしょうし、フィードバックが必要であると判断すれば、まとまった時間を取ることもあるでしょう。

上司から次の指示を引き出すためにも、一番重要である「結論」から報告するようにしましょう。

報告を簡潔にまとめるポイント

「簡潔に話をまとめるのは難しい」と不安に思う方もいらっしゃるでしょうが、安心してください。**簡潔でわかりやすい報告はたった3ステップでできる**のです。

この3ステップさえ押さえれば、上司に必要最低限の報告をすることができます。

ステップ1：何に関する報告なのかを伝える
ステップ2：結論がどうなったのかを伝える
ステップ3：今後の展開を伝える

では、3ステップ法を使った報告の例を見てみましょう。

部下「課長、製品開発会議の件でご報告があります。今、お時間よろしいでしょうか？」
上司「報告か、いいよ」
部下「ありがとうございます。会議の結果ですが、懸案《けんあん》だった次世代機〝Z〟の発売

時期を今年12月に決定しました。そして、今後は次世代機〝Z〟の発売に向けて、販売促進チームの発足を予定しています」

ここまでで、基本の3ステップを使った報告となります。

そして、このあとは上司からの確認や質問があれば答えることになります。

たとえば、上司から「12月に決まった経緯を教えて？」などの質問があれば、「実は年明け3月という案も出ましたが……」と、質問に答えることになります。

このように、**3ステップ法のあとに上司からの質問に答えるという形で進めれば、上司も重要な情報と知りたい情報だけ把握できますし、部下側としてもよけいにダラダラと報告する必要もなくなります。**

余分な情報を与えて上司を混乱させることもなければ、時間の短縮にもつながるので、仕事はより効率的に進められます。そのために、上司からの質問を想定し、どんな質問でも答えられるよう事前に準備しておく必要があるでしょう。

「わかりやすい報告」の3ステップ

ステップ 1
何に関する報告か
例　昨日の営業会議について

↓

ステップ 2
結論はどうなったのか
例　売れ行き好調の商品Bを追加生産

↓

ステップ 3
今後の展開
例　街頭広告でもっと認知度を上げていく

報告の3ステップで、
必要な情報を報告できる

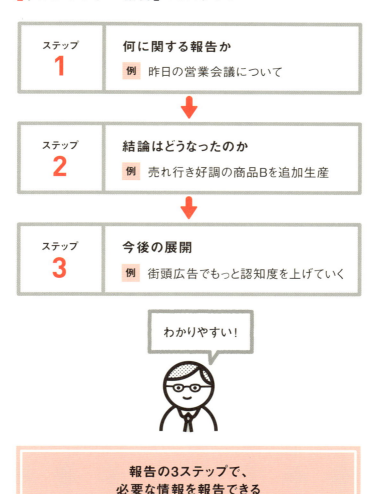

Basic works of Hourensou

12

「あの件どうなった?」と上司に聞かれたらオシマイ

!

「自分から先に言うのが常識だ!」と評価を下げる

仕事への態度を見られている

「仕事中に何度もミスをして上司に怒られた」

「上司の力をたくさん借りてしまった」

「期限がギリギリだった」


そんな状態で仕上げた仕事であったとしても、最後にしっかり結果を報告できれば、あなたに対する上司の印象はかなり良いものになります。

「ギリギリだったけどよく頑張ったな！　お疲れ様！」と労いの言葉をかけてもらえたり、次回の仕事への期待の言葉ももらえるかもしれません。

しかし、ミスも失敗もなく、完璧に仕上げた仕事だとしても、**最後の結果報告をしなかっただけで、評価を下げてしまうことがあります。**

まず、報告には「結果報告」と「経過報告」の2種類があるということを頭に入れておきましょう。

「結果報告」とは、指示された仕事が完了したことを報告することであり、「経過報告」とは現在進めている仕事の進捗について報告することです。

たとえば、上司から議事録の作成を頼まれたとします。

上司「議事録の作成は終わった？」
部下「はい。すでに終わっています」

一見、何の問題もないように思えますが、上司から聞かれて報告するようでは、信頼を勝ち取ることはできません。気難しい上司であれば、「終わったら報告するのが普通だろ！」と怒られてしまうかもしれません。

「せっかく頼まれた仕事を終わらせたのに、なんで報告しないことだけで怒られなきゃいけないのか？」と思うかもしれませんが、頼まれた仕事はあなた一人だけの仕事ではないのです。

クオリティの高い仕事をすることはもちろん大事ですが、仕事が終わったことを報告できない人は、上司から「いい加減なやつ」という評価をされてしまいます。

逆に、**7割のクオリティしか出せなかったとしても、きちんと仕事が完了したことを上司に報告できる人は、上司から「次も任せてみようかな」と信頼、期待されます。**

仕事もある意味、「終わりよければすべてよし」なのです。

結果報告までが業務

第1章でもお話ししたように、仕事は上司の指示から始まり、結果報告で完了となります。ですから、報告の前に、受けた指示内容を再度確認します。

「納期は間に合っているか」
「アウトプットの形は指示通りか」
「口頭での報告でいいか」

このように、指示内容と報告内容にズレがないかを自己チェックします。

そして、報告の3ステップに沿って報告します。

とくに、口頭での報告の場合には、抜け漏れを防ぐためにメモを持ち、間違えのないように報告しましょう。

結果報告をする際に、絶対にしてはいけないのが「言い訳」と「苦労話」です。

頑張ってやり遂げた仕事は、ついつい業務が完了するまでの苦労話や、うまくできなかった言い訳をしたくなる気持ちもわかります。

しかし、上司にしてみればあまり聞きたくない話です。

上司から「今回の仕事を進める中で、最も苦労した点は何?」などと聞かれたのであれば別ですが、報告が長くなる原因にもなるため、絶対に避けるべきです。

言い訳や苦労話は自分の評価を下げる原因にもなるので、心の中にしまっておくのが良いでしょう。上司はあなたの頑張りをきちんと見ています。

結果報告する・しないで評価は雲泥の差!

× **結果報告しない**

→ **100%のクオリティでも怒られる**

終わったら報告
するのが常識だろ!
せっかく完璧に
やったのに…

○ **結果報告する**

→ **70%のクオリティでも評価される**

ありがとう!
次もお願いね!
終わりました!

**仕事が完了したことを報告できる人は、
次回も仕事を任せてもらえる!**

Basic works of Hourensou

13

「経過報告」が実は一番待たれている

!

大事なタイミングが3つある

こまめな報告で、すぐに軌道修正できる

第2章でもお伝えしたように、報告の目的は「報告内容をもとに上司が次の判断、指示をしやすくすること」です。

この「次の判断、指示」ということを考えれば、仕事が完了したときに行う結果報告以上に、進捗状況を伝える経過報告が重要なのは一目瞭然です。

前項で「『結果報告は大事』と言っていたじゃないか！」と思う方もいらっしゃるでしょう。

しかし、**経過報告は上司が仕事の進捗状況を把握できるだけではなく、次の指示や方向転換の指示もしやすくなるため、事前にミスを防ぐこともできる**のです。

「結果が一番大事だし、いちいち途中で報告しなくてもいいのでは？」と、経過報告を面倒に感じることがあります。でも面倒くさがらないでください。あなたにとってもメリットがあります。

定期的に経過報告することで、これまでの仕事の進め方が良かったのか、悪かったのか、上司からチェックを受けることができます。**軌道修正することができる絶好の機会**でもあるのです。

また、上司の頭の隅にはあなたの仕事が常にある状態になるため、頻繁に気にかけてもらえるようになったり、優先的に話を聞いてもらえるようにもなります。

経過報告をする際に、一番みなさんが悩むのは報告をするタイミングでしょう。

経過報告をするタイミングは大きく分けて3つしかありません。

次の3つのタイミングなら、適切な頻度、情報量で報告することができます。

- **前もって決めていた、節目となるタイミング（中間報告、定期報告）**
- **予定外のことや、何か変化が起きたとき（環境や状況の変化、進め方の変更）**
- **悪い状況になったとき（ミス、トラブル、問題発生）**

以上のタイミングで経過報告をすることで、上司から再度正しい指示を引き出すことができます。また、自分一人で進めてミスを起こしたり、報告せずに上司から怒られることもなくなるはずです。

「どのような情報があれば、次の指示がもらえるか」考える

経過報告では、現在までの結論に至った理由や、経緯が重要な情報となります。ですから、上司がどのような情報をほしいと思っているのか、どのような情報があれば判断や次の指示を出しやすくなるのか、考えた上で報告するのがポイントです。

経過報告では次の４ステップで話を構成します。結果報告の３ステップとほとんど変わらず、一つ段階が増えるだけなので難しくありません。

ステップ１：何に関する報告なのかを伝える
ステップ２：結論がどうなったのかを伝える
ステップ３：結論に至った経緯や理由を伝える
ステップ４：今後の展開を伝える

ポイントは、上司がどのような情報を求めているのか、どうして今のような状況になったのかの理由や経緯をわかりやすく話すことです。

そして、あなたが考えている「今後の展開」とともに伝えれば、上司から適切なアドバイスをもらえるはずです。

経過報告を通して、上司と頻繁にコミュニケーションを取ることで、ミスを防ぐことができ、上司の仕事の進め方まで習得できるのです。

経過報告が欠かせない3つのタイミング

- **前もって決めていたタイミング**

  ➡ 中間報告・定期報告

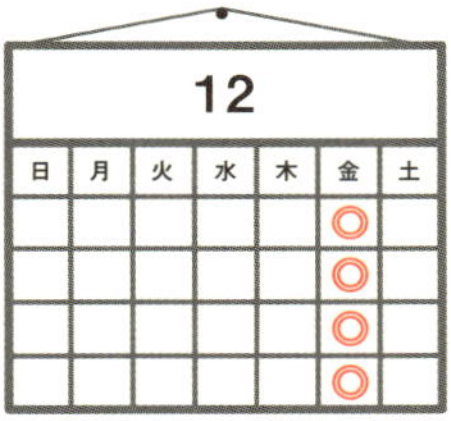

- **予定外のことや何か変化が起きたとき**

  ➡ 環境や状況の変化、
  進め方の変更

- **悪い状況になったとき**

  ➡ ミス、トラブル、問題発生

タイミングを外さなければ、
上司からのフィードバックが簡単にもらえる

Basic works of Hourensou

14

「悪い報告は早く」が信頼回復のカギ

!

問われるのは問題が起きたあと、
どう対応するか

「自分一人でなんとかしよう」は危険

「作業ミスがあった」
「トラブルが発生した」
「顧客からクレームがあった」

毎日仕事をしていれば、このような出来事はつきもので、上司に悪い報告をしなければいけないことも多々あります。

でも、やはり怒られるとわかっていると、悪い報告はしたくないものです。

そうすると、このような考えが頭に浮かぶことはないでしょうか？

「絶対に怒られるから、自分一人で解決してみよう」
「解決してから報告でもいいよね……」

「怒られたくない」「自分に対する評価が下がるのではないか」と不安になり、後回しにしたり、もう完全にアウトになった状態で報告した経験がある方も多くいらっしゃるでしょう。

しかし、こうなっては上司としても打つ手がありません。もう手遅れなのです。

コンサルタント時代、お客様からやんわりと来期の契約の継続を断られたことがありました。私は「そのお客様とは良い関係を保てていたし、今回は相手のニーズが変わっただけ」と自分に言い聞かせ、上司に報告をしませんでした。

しかし、もう手遅れな状態でこの件が発覚し、部長は大激怒。私はお客様を失い、上司からの評価も下げてしまったのです。

若い頃の私のように、取り返しがつかないことになっては大変です。

ですから、**悪い中でもまだリカバーできる段階で、しっかりと正直に上司に報告するようにしましょう。**

「自分の力でなんとか盛り返せるだろう」「もう少し状況が改善してから報告しよう」などと、自己判断するのは危険です。かえって取り返しのつかないことになる可能性が非常に高いです。

チーム全体に迷惑がかかる可能性も

さらには、「なんでもっと早く報告しないんだ！」と上司に二重で怒られてしまう危険性もあります。

それから、**ミスを隠すなどということも、もちろんNG**です。組織の中でミスを隠すことなど不可能です。隠していることがあとになってバレたり、ほかのメンバーから上司が聞いて発覚したり、という状況になれば、あなたに対する信頼はなくなり、評価も最低のものとなってしまいます。

ミスやトラブルは自分だけの問題ではありません。上司やチーム全体にも迷惑をかける可能性があります。

「失敗しても、自分が責任を負えば済む」ものではないのです。

悪い報告は1秒でも早くする。これが報告の大原則です。

上司にしてみれば、悪い報告ほど早くほしいと思っています。

そこで、まずはスピードを重視します。それから、悪い報告ほど時間をかけて、詳細に伝えます。

部下にとっては、悪い報告はできるだけ早く、簡単に済ませたいですよね。でも、ここはしっかりと丁寧に報告することが大切です。

「得た情報をすべて伝える」というのが、悪い報告の原則です。包み隠さず、すべてを正直に報告しましょう。

悪い内容の報告をするときも、基本的には報告の3ステップに沿って行います。ただし、悪い結果が起こった原因が本人にあるような場合は、「申し訳ありません」というひと言から始めるとよいでしょう。

上司も感情で動いています。淡々と報告するだけではなく、反省の気持ちや謝罪の気持ちを持って伝えることが大切です。

トラブルを一人で抱え込むと…

トラブルは時間が経てば経つほど、大きくなる。悪い報告は1秒でも早くしよう

Basic works of Hourensou

15

会議の邪魔をしても報告すべきときがある

!

「どれだけ重要なことか」を判断基準に

お客様に関わること、緊急のこと…

「悪い報告は1秒でも早くしよう」と前項でお伝えしました。

でも、上司が忙しそうにしていたり、イライラしている様子を見ると、つい報告するタイミングを見失い、とまどってしまうことはありませんか?

しかし、そのような場合でも、悪い報告と重要な報告については、上司の都合とは関係なく報告して良いのです。

まずは、報告しようとしている内容がどれくらい重要なのかを考えてみましょう。

重要な報告とは、「自分にとって重要」というよりも、「上司にとって重要」と思われる内容のことです。

つまり、お客様に関わる内容、他者への影響が大きい内容、緊急性が高い内容になります。

たとえば、「大きな案件の受注が決まった」「イベント開催日程を変更することになった」「午後からのクライアントとの打ち合わせが1時間遅くなった」などが考えられます。

「今報告したら怒られるかも……」と考えてしまうかもしれませんが、ここは勇気を持って**「怒られてもいい」という気持ちで報告**しましょう。

クレームやトラブルなど、内容によっては報告しなかったことで、かえって上司から怒られることがあります。

若手社員にとって、上司の機嫌が悪いときに話しかけるのは、ものすごく勇気がいることです。

しかし、上司がイライラを態度に出している場合でも、勇気を出して報告することが、チームや会社のミスをリカバーするきっかけにもなり、必ず感謝されるはずです。

待っていては取り返しのつかないことに

では、こんなケースではどうしたらいいでしょうか?

課長は、次年度の課の方針を決めるために、社長とミーティング中です。とても大事なミーティングなので、課長からは「2時間くらいはかかるから、その間一切連絡してこないように」と指示がありました。

しかし、ミーティングが始まって1時間が経過した頃、先輩が担当しているお客様から電話が入ってきたのです。明らかに緊急を要する内容とわかるクレームでした。あなた一人では対応できるような案件ではありません。それに、担当者である先輩は休暇中でつかまりません。社内にいる課のメンバーといえば、あなたとミーティング中の課長だけです。

さあ、困りました。課長からは「連絡しないように」と言われています。

このような状況であっても、すぐに課長に報告しましょう。

おそらく、課長から「よく報告してくれたな。ありがとう！　助かったよ」と感謝されるはずです。

もし、「報告すべきか」「報告すべきでないか」迷ったときには、報告することを選ぶようにしてください。

報告した場合のリスクと、報告しない場合のリスクとでは、比較にならないほどの違いがあります。

96ページでお伝えしたように、手遅れになる前に報告することが重要です。「なんでもっと早く報告しないんだ！」と怒られるより、「なんで今報告するんだ！」と怒られるほうがまだマシですよね。

上司の都合や機嫌を気にして重要な報告をせずに黙り込むよりも、そんなものは全部無視して、伝えるべきことは最優先で伝えることが正解です。

また、上司が休暇中、出張中の場合に報告すべきかどうか迷うこともあるでしょう。そのような場合は、上司と報連相の方法を決めておくことが理想です。しかし、そうした決めごとをしていない場合は、上司のさらに上の上司に相談します。

同時に、上司の会社用のメール、携帯などにも連絡を入れておくといいでしょう。

緊急のトラブル。上司が会議中のときは?

✕ 上司の都合を優先して、ひたすら待つ

○ 内容によっては会議中でも報告する

「上司にとって重要」であれば、上司の都合を無視していい

Basic works of Hourensou

16

「だんだん」より「70％」、「後ほど」より「1時間後」

!

具体的な数字を使う

具体的であるほどインパクトがある

報告の3ステップや経過報告の4ステップに加えて、信頼され、わかりやすい報告をしている人たちには共通点があります。

その共通点とは次の3つです。

① 数字を使って報告する
② あいまいな表現を使わない
③ プラスイメージで伝える

まずは、数字を使った報告について見ていきましょう。

報告する際に数字を入れるだけで、報告はグッとわかりやすく、説得力のあるものになります。

「仕事がだいたい終わりました」と報告するのと、「仕事が70％終わりました」と報告するのでは、数字が入っている報告のほうが理解しやすいはずです。

部下にとって報告は、これまでの仕事の成果を発表する機会でもあります。どうせなら、上司に評価されるような報告をしたいものです。

そこで、成果を数字にして伝えることを考えます。

普通の報告「とてもたくさん売れました」

成果を強調「1日10個売れました」

これで成果が明確になります。

さらに、**この数字がどれだけ「変化」したかを伝えることで、効果はますますアップします。**

変化を強調「以前より3個多く、1日10個売れました」

前回の報告からどれだけ変化があったのか、仕事が進んだのかを数字を使って具体的に伝えます。

上司は改善された点、時間が短縮されたことなど、変化にとても関心があります。部下の成長の証であり、それは上司にとっても喜ばしいことです。

そして、もっと成果を強調したい場合は、このように報告する方法もあります。

さらに変化を強調「以前より20個多く、1週間で70個売れました」

1日10個、つまり1週間でいえば70個となります。結局、同じことを言っているのですが、大きな数字にはインパクトがあります。

「10個」より「70個」のほうが、成果があったように感じてしまう効果があるのです。

「誰が聞いても誤解のない表現」を徹底

報告をする際に「後日ご連絡いたします」という言葉を使う方が多いようです。

しかし、**人によって解釈や判断基準などが異なる言葉は、極力避ける**ようにしましょう。

「では、後ほど詳しく説明します」

「後日ご連絡します」

「予定より少し早めに到着予定です」


言葉に幅を持たせたいときなど、つい使ってしまうかもしれません。

相手もそうしたあなたの気持ちに配慮して、「後日改めてよろしくお願いします」と言葉を返してくれるでしょう。

でも、報告の場面ではもっと正確な表現が求められます。

仕事に締切はつきものです。締切を決めないと、いつまでたってもその仕事を終えることができません。

また、上司は自分やチームのスケジュールとの兼ね合いもあるため、すかさずこう返すでしょう。


「後ほどっていつのこと？　1時間後？」

「後日って明日？　それとも3日後のこと？」

「少し早めって、どのくらい？　5分前？　10分前？」

上司に正確な報告をするためにも、打ち合わせなどの段階からしっかりとした時間や日程を決めることを意識しましょう。

正確な報告のためには、誰が聞いても誤解のない表現を使うことがポイントです。

「そこで」を使ってプラスイメージを

同じ内容の話をする場合でも、接続詞の使い方一つで印象が変わることがあります。
たとえば、複数の広告代理店から新製品の販促企画案が上がってきたとします。

部下「課長、A社B社C社からの販促企画案を比較検討しました。その結果、ウチにはC社の企画が最も適していると考えます。しかし、当初の予算よりかなりオーバーしてしまいます」

上司「んー。予算は決まっているからなぁ。それじゃ無理だな……」

このように、「しかし」のような逆接の接続詞を使って、「肯定＋否定」の話を展開すると、プラスからマイナスへのギャップが大きく、ネガティブな印象が強くなります。そうすると、せっかくプラスの提案をしているのに、上司はその提案を聞き入れてくれなくなるのです。

では、次のように「そこで」を使ったらどうでしょうか。

部下「課長、A社B社C社からの販促企画案を比較検討しました。その結果、C社の企画が最も適していると考えます。そこで、当初の予算よりはオーバーするものの、実施すればかなりの売上増が見込めます」

上司「お～そうか、わかった。では少し検討しようか！」

可能な限り「肯定＋肯定」の話にすることで、ポジティブな印象となり、その場の雰囲気も良くなります。

説得力のある報告とは?

● 数字を使って成果を強調

1週間で70個
売れました!
!!

● 常に正確な表現を使う

明日の15時までに
お返事をいただく
予定です。
了解!

● 「そこで」を使って、プラスイメージを与える

～でした。
そこで…
!!

具体的な数字、正確な表現、
プラスイメージで伝えよう!

Basic works of Hourensou

17

書面の報告は「一瞬で見られる」ものに

！

長々と読んでいる時間はない

報告書のフォーマットを持っておく

報告の手段は口頭だけではなく、報告書やメールなどの文書も多く使います。
しかし、同じ内容の報告書をつくったのに、簡潔でわかりやすい報告書と、資料が多くわかりにくい報告書があるのはなぜなのでしょうか？

仕事が速く、周りからの信頼も厚い人の報告書はとにかく見やすく、内容がすぐわかる報告書です。

上司にとって、部下は一人だけではありません。複数の部下を抱えていると、なかなか一人ひとりの報告書にじっくりと目を通している時間を確保できません。

ですから、報告書も長々と書くのではなく、**短時間でポイントが理解できるものにする**ことが大切です。

読んでもらう報告書というより、「見てもらう報告書」を心がけましょう。

重要なのは、読み手の立場に立って情報を整理することです。

そこで、わかりやすい報告書作成のポイントが3つあります。

① **自分用の報告書フォーマットをつくる**

社内で規定のフォーマットがあれば、もちろんそれを使わなければなりませんが、とくに指定のものがなければ、Ａ４サイズ１枚程度のフォーマットを事前に作成しましょう。報告のステップに沿ったものだと、わかりやすくなります。

左ページにフォーマットの例がありますので、ぜひ参考にしてみてください。

② **文字を減らし、短い文で作成する**

まわりくどい表現はせず、文字数を減らして簡潔で短い文を心がけます。目安ですが、一文を60文字以内にまとめるといいでしょう。

あまり「、」(読点)を打ちすぎると、文がつながって長文になるので、「。」(句点)を多くして、短文になるようにします。こうすることで、上司にはとても読みやすく、一文一文を理解しながら、ラクに読み進めることができるはずです。

③ **見やすいレイアウトを心がける**

見てもらう報告書のためには、文字の大きさを少し大きめにしたり、適度な行間を

報告書フォーマット例

年　月　日

報告シート

報告対象者	報告者

仕事の完了度合い

0%　10%　20%　30%　40%　50%　60%　70%　80%　90%　100%

何の報告か【仕事内容】：

結論は何か：

結論の理由、経緯：

今後の展開：

空けるなどして見やすさを追求します。

そして、強調したい箇所については色文字にしたり、太文字にするなどして目を引く工夫も必要です。

メールは「件名」で開かせる

報告書と同じように、同じ内容のメールでも、すぐに開封してもらえるメールには共通点があります。

それは、**「報告内容がひと目でわかる件名」**という点です。


「ご報告です」「見積もりの件」「業務終了の件」といった件名では、どのような内容のメールなのか上司は判断できず、開封するのも後回しになってしまいます。

まずは報告であることを伝えるため、「～の件」ではなく「～のご報告」とします。

あとは、いつのことなのか、どのような報告内容なのかなど、簡潔に表現します。

「12月1日（金）A社訪問結果のご報告」「新製品Zの価格決定のご報告」「〇〇業務完了のご報告」

開いてもらえるメールのポイント

宛先：鈴木部長

件名：12月1日（金）A社訪問結果のご報告

鈴木部長

お疲れ様です。鶴岡です。
12月1日（金）にA社に訪問した結果をご報告いたします。

・新規ご契約3件獲得
・3件のうち、1件はプランBにご家族で加入
・担当の方が来年度から変更

以上となります。
ご確認のほど、よろしくお願いいたします。

内容で「件名」がわかり、
「時系列」か「重要度」順に箇条書きで書く

このような件名であれば、上司もすぐに何の報告であるのかを理解することができ、後回しにされることなく、開封してもらうことができます。

また、**メールでの報告は、報告書よりさらに文字数を絞って報告することがポイントです。**そこで、箇条書きをうまく使うと良いでしょう。

箇条書きのポイントは次の3つです。

- **項目の順番は、時系列、重要度などで決める**
- **項目の内容は、大中小のレベルを合わせる**
- **項目の長さや表現方法は、統一感を持たせる**

報告メールを作成するときには、箇条書きで、「時系列」か「重要度の高い順」に書くと、とてもわかりやすいメールを書くことができます。

第4章

細かい連絡で信頼を勝ち取る!

Basic works of Hourensou

18

連絡を軽視していませんか?

!

連絡ミスは取り返しのつかない
事態になることも

研修会場の変更を伝えていなかった…!

「関係者って誰に連絡すればいいんだろう……」
「あとで課長に聞いてから連絡すればいいや……」

このように、連絡事項の確認不足で、連絡を後回しにするクセがついているビジネスパーソンを、研修活動を通して多く見てきました。

私がある企業の研修に行ったとき、窓口となっていたAさんから研修前日までほとんど連絡がないということがありました。少し不安になりながらも、当日を迎えましたが、開始時間になっても誰一人会場に現れません。

実は当日の会場が1週間前に変更になったのですが、なんとAさんは、参加者に対して会場変更の連絡を忘れてしまっていたのです。

結局、1時間遅れで研修は開始できたものの、Aさんは上司や研修参加者から信頼を失うことになってしまったのです。

どうしても連絡は、報連相の中で一番軽視されがちです。

ですから、勝手に「連絡しなくていい」と判断してしまい、上司に「そんなこと聞いていないぞ」「なんで連絡しなかったんだ！」と怒られるケースもよくあります。

連絡をする目的は、関係者の間での情報共有です。仕事によっては、上司だけではなく、他部署、社外の人などが関係者に含まれる場合もあるでしょう。

そのため、情報は全員に漏れなく伝える必要があります。**もし一人でも伝わっていない人がいたら、それは連絡したことにはならなくなってしまう**のです。

「Aさんには伝わっているけど、Bさんには伝わっていない」ではトラブルの原因になってしまいます。

万一、情報共有に漏れが生じることがあれば、あなたに対する信用も一気に失ってしまう可能性があるので、連絡こそ注意深く行わないといけません。

「連絡管理表」の形でデータに残す

そこで、**連絡についてはデータとして残して、管理する**ことをおすすめします。

たとえば、「連絡管理表」などの形で、いつ、誰に対して、どのような方法で、どんな情報を連絡したのか、といった事柄を漏れがないかチェックします。

速くて正確な連絡こそ、信頼されるビジネスマンへの第一歩です。


情報共有のためには、スピーディーな連絡を心がけます。

連絡は「鮮度」が命です。情報を新鮮なうちに関係者に届けることで、より早く対策ができたり、ミスの二次災害を防ぐことができます。

連絡はとにかくスピード勝負なのです。


また、スピーディーに連絡することで情報共有の漏れもなくなります。

関係者全員のスケジュールや居場所を、常に把握することなど、とても不可能です。

たまたま社内にいたAさんには連絡できたものの、外出しているBさんには連絡できなかった、ということが起きないためには、やはりスピーディーに動くしかないのです。

連絡すべき関係者が多ければ多いほど、早め早めに手を打ちましょう。

とはいうものの、スピードだけにこだわった、単なる連絡係になってもいけません。仮に、あなたが直接携わっていない仕事であるにもかかわらず、上司から社外の関係者にメールで連絡するようにと、指示があったとします。

「○○さん、この5人の関係者に△△について連絡しておいてくれないか。内容はこの通りだから」と、メモを渡されました。あなたは、ただ上司の指示通りにメールで連絡します。

でも、連絡を受けた人は、発信者であるあなたも関係者であり、送られてきた内容について理解していて、質問にも答えられるだろうと思うはずです。

単なる連絡係になることなく、連絡内容についてしっかりと理解した上で、なおかつスピーディーに連絡することが大切です。

連絡の抜け漏れを防ぐために

月/日	連絡内容	共有メンバー	共有方法
12/3	次回、部会日程について	・鈴木部長 ・Aさん ・Bさん ・Cさん	社内メール
12/16	忘年会についてのお知らせ	全社員	社内メール ※前日にリマインド
	⋮	⋮	⋮

「いつ」「誰に」「どの方法で」連絡したかをデータでまとめておく!

Basic works of Hourensou

19

先方が確認したか、確認するところまでが任務

！

返事がなければこちらから尋ねる

「言った・聞いてない」でトラブルに

上司「そういえば、今日の会議は部長は欠席だよね?」
部下「いえ、部長は出席されますが……」
上司「え! 聞いてないよ! そういうことは早く連絡してくれないと!」
部下「(先週ちゃんと連絡したのに……)」

第1章でもお話ししましたが、報連相ではこのような「言った・聞いてない」というトラブルが非常に多いです。

では、なぜそのようなトラブルが多発してしまうのでしょうか?

連絡は相手に対して「一方的に伝える」ことのように思われるかもしれませんが、そうではありません。

実は、一方通行ではなく、双方向なのです。

相手から何らかのリアクション、伝わったことが確認できて初めて連絡が完了したことになります。

もちろん、連絡を受ける側がしっかりと確認すれば良いのですが、日々多くの仕事を抱えている上司が、細かい連絡を忘れてしまうことも多々あります。

ですから、連絡内容がしっかり相手に伝わったかどうか、常に確認することが大切です。

とくにメール、伝言メモ、ＦＡＸなどは、その場で相手のリアクションがあるわけではなく、一方通行のコミュニケーションに陥りやすい傾向があります。

また、口頭での連絡も「言った・聞いてない」というトラブルが起こる可能性が非常に高いです。

連絡する側は正確に言ったのに、受け手が聞き損ねたのか、あるいは聞き間違いをしたのか。

それとも、連絡する側が言い損ねたのか。本当の原因はわかりません。

しかし、こうした初歩的なコミュニケーションミスは、もっと大きなトラブルに発展しかねませんので、連絡は書面で残すことを心がけましょう。

必ずしも、Ｗｏｒｄなどのワープロソフトで打ったものを印字する必要もありません。場合によっては手書きのメモ、付箋《ふせん》、メールでもかまいません。とにかく、**文字として残しておく**ことが大切です。

伝言をお願いするときは要注意

あなた「Ａさん。申し訳ないけど、課長に『△△商事のＢさんから電話があって、折り返し電話がほしいと言っていた』と伝えてもらえる？　私、これから外出しないといけなくて」

Ａさん「わかった。伝えておくね」

日常的によくある伝言のシーンですね。

このようなちょっとした連絡であっても、第三者にお願いした場合には注意が必要です。課長に伝わったかどうかの確認は、決しておろそかにしてはいけません。

帰社後、課長に対して確認するときは、「課長、Ａさんからお聞きかと思いますが、△△商事のＢさんから電話があり、折り返し電話がほしいとのことでした」と話します。課長からは「ありがとう、Ａさんから聞いたよ！」と返事があるはずです。

でも、もしそのやり取りをＡさんが見ていたら、「『伝えておく』と言ったのに、私のこと信用していないのかな？」と少し嫌な気持ちになることもあるでしょう。

そこで、Ａさんに伝言をお願いするときに、もうひと言添えるようにします。

「戻ったら、私からも課長に話すけど、急ぎみたいだから、その前にお願い！」と。

このひと言があれば、Ａさんだって嫌な気持ちになることはないはずです。

この小さな気遣いこそ、周囲から信頼を得る大きなポイントです。

伝言をお願いした人に対して、伝えてもらったかどうかの確認を取ることも大切です。その場合、「課長に伝えてもらった？」とストレートに聞く方法もあれば、少し遠回しに「課長何か言っていた？」と確認する言い方もあります。

連絡は伝えるだけの一方通行のコミュニケーションではなく、双方向のコミュニケーションです。それは、第三者が間に入ったとしても変わりません。

大きなトラブルやミス、「伝えたのに怒られる」という理不尽な場面をなくすためにも、ぜひ「伝わったかどうかの確認」を習慣化してください。

Basic works of Hourensou

20

「知らせる」こと そのものに 意義がある

!

状況を把握できている安心感は大きい

ささいなことでも関係者に「実況中継」

報連相の中で、連絡は軽視されがちであると先にお話ししました。

でも、実は一番頻繁に行う必要があるのが連絡なのです。

報告や相談は、相手に考えてもらい、すぐに何らかの結論を求める行為です。次の指示をもらったり、アドバイスしてもらったり。でも、連絡は情報が共有されれば、今すぐ何かを求めることもありません。

連絡は相手に負担をかけることもないので、とにかく「知らせる」ことにこだわってください。


とは言っても、「どこまで細かく連絡すればいいのか?」と頭を悩ます方も多いでしょう。

しかし、「この情報は連絡しなくてもいいか」と、勝手に判断することは危険です。

何が重要で、何が重要でないか、ということは連絡を受ける相手が決めることで、連絡する側が決めてはいけません。

たとえば、仕事中にもかかわらず、テレビで生中継しているスポーツの様子がどうしても気になってしまう、なんてことはありませんか？

ネットでたまに状況をチェックしながら、「勝っている！」「負けている！」などの経過を知るだけでも、ひとまず仕事に集中できたりします。

実は、この「知る」ということで、私たちは安心するものなのです。

仕事も同じで、関係者に連絡することで「知っている」状態をつくり、安心してもらうことができます。今の仕事の状況を知らせるだけでもかまわないのです。

逆の立場から考えてみてください。

たとえば、チームで仕事を進めている場合に、あなたの知らないところで何か進んでいたら、疎外感や不安を感じてしまいませんか？

ささいなことでも細かい連絡を積み重ねることで、上司にとって必要な情報がすばやく行き渡り、あなたの信頼度アップにもつながります。

連絡の手段は、口頭・電話・メール・携帯メール・書面・メモ・付箋・ＳＮＳなど、さまざまなものがあるので、それぞれの場面によって使い分けましょう。

連絡するか、しないか迷ったときは…

✕ 自分で連絡の判断基準を決める

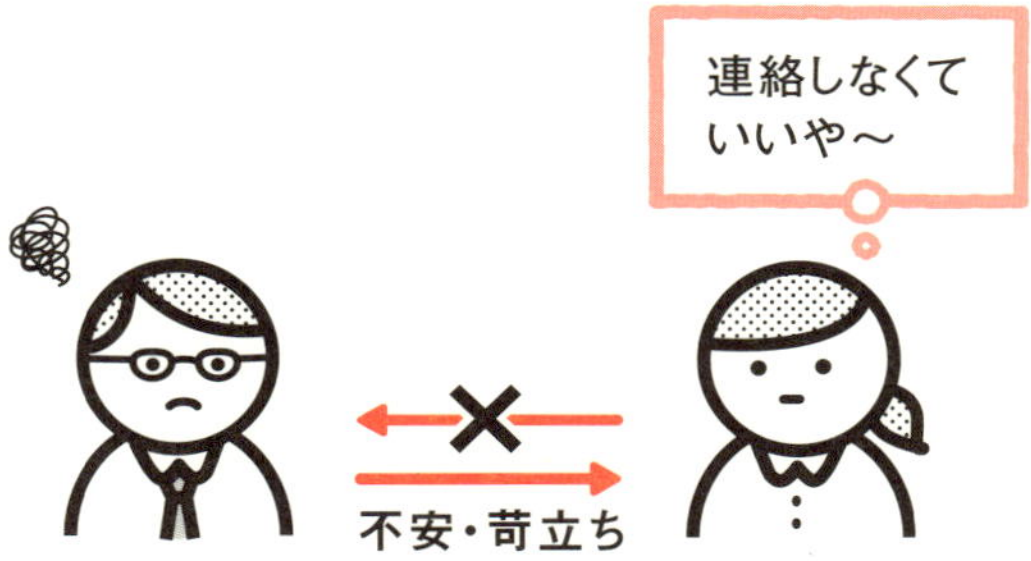

○ ささいなことでも連絡する

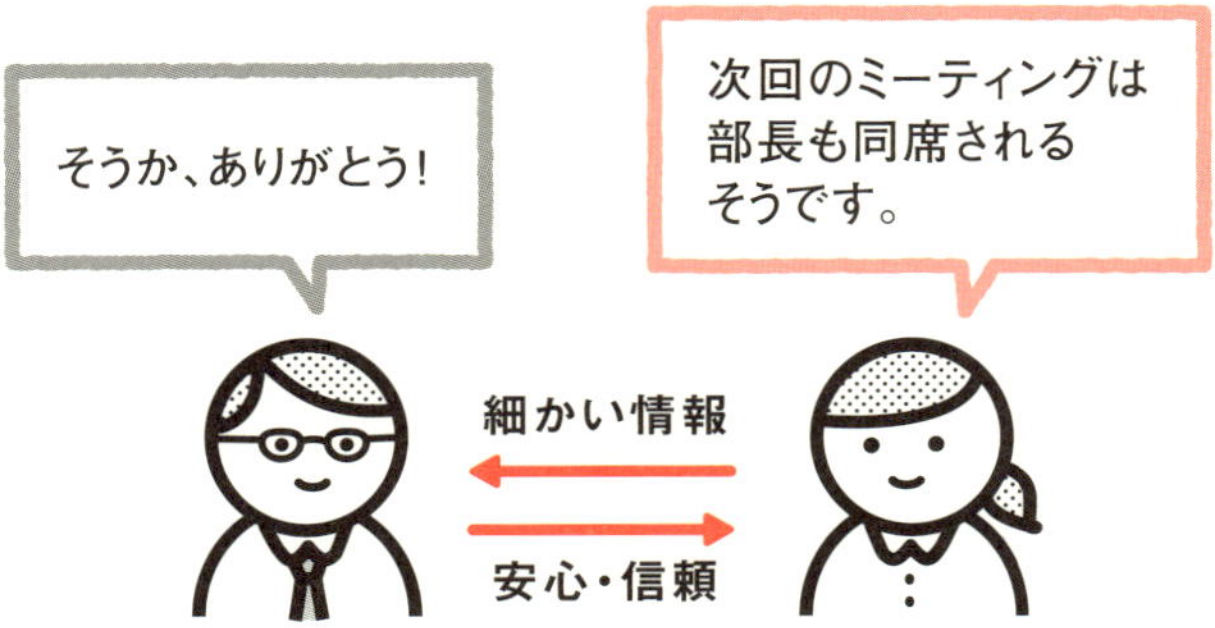

**どんな情報でも「知らせる」ことで、
上司に安心・信頼してもらえる**

Basic works of Hourensou

21

何回もメールしたのに締切を守られない理由

!

「人は忘れるのが普通」と考えておく

キーワードを3回はくり返し入れる

報告と同様に、わかりやすい連絡は「短い」というのがポイントです。わかりやすい連絡では、重要なキーワードで短く伝えます。しかも形を変えて、何度もしつこいくらいに伝えます。ここでは、相手の印象に残りやすくする工夫をするのが大切です。

実際に「○回連絡する」という基準があるわけではありませんが、一度連絡して満足するのではなく、2回、3回とくり返し伝えることが大切です。

これは口頭での連絡でも、文書による連絡でも同じことが言えます。

つまり、**忘れられなくするため、記憶に留めてもらうために「短く、そして何度でも伝える」**のです。

たとえば、次回の課のミーティングを控え、課長から「課のメンバー全員に、『事前アンケートを提出するように』とメールを出しておいて!」と指示されたとします。

そこで、あなたは提出期限の5月5日までに、事前アンケートの提出を求めるメールを送ることにしました。

ここで重要となるキーワードは「事前アンケート」「提出期限5月5日」ということです。

左ページのように、メールの一文に2つのキーワードを3回ずつ入れることで、記憶に残りやすくします。

このように、「事前アンケート」「提出期限5月5日」というキーワードを、くり返し伝えることで、相手の記憶に留めてもらうことができます。

連絡したい内容を「短くくり返す」ことが、相手に連絡内容を留めてもらうポイントです。

放置されない連絡メールのポイント

宛先：第2営業部

件名：【提出期限のご連絡】事前アンケートにつきまして

第2営業部のみなさま

お疲れ様です。木村です。
次回の部のミーティングに向けて、
すでにお願いをしています事前アンケートの
提出をお願いいいたします。

提出期限は来週水曜（5/5）になります。

①提出日：5月5日（水）
②提出物：事前アンケート
③提出先：第2営業部　木村

以上、来週5月5日（水）が〝事前アンケート〟の
提出期限となります。
何卒、よろしくお願いいいたします。

キーワードを短く、3回くり返す！

Basic works of Hourensou

22

「お礼の連絡」は5分以内。そこが評価の分かれ目

!

気持ちがそのまま現れる

社外の人にはとくに慎重に

上司「○○社のAさんに見積もりお願いしておいて！　あと△△社のBさんに明日の打ち合わせの時間も一応確認よろしく！」
部下「は、はい！　わかりました……」

このように、入社数年目で仕事に慣れてくると、上司の補佐として、または自分の仕事関係で、社外の人と連絡を取ることが多くなります。

社内の人への連絡であれば、普段から頻繁に顔を合わせることもあるでしょうし、補足の連絡や訂正なども比較的に容易に行うことができます。

しかし、**社外の人の場合、ほとんど顔を合わせることがなかったり、一度の連絡で、完璧に状況を伝えなければならないことも多い**はずです。

ですから、社外への連絡の場合には、より注意深くすることが求められます。

また、自分より立場が上の人と関わることも多くなりますが、立場が上になればなるほど言葉遣いや表現方法には気をつけましょう。

報告や相談は基本的に一人の相手に対して行いますが、連絡は相手が複数の場合も多くあります。対象となるのは、上司・同僚・後輩・他部署など広範囲にわたるでしょう。

そのため、情報を受け取る側の関心度や理解度に、どうしてもバラツキが出てきてしまうのです。

同じ内容の連絡を受けても、理解できる人もいれば、そうでない人もいます。

ですから、複数の相手に連絡する場合は、全員が理解できるような表現で伝えることが重要になります。

「わざわざありがとう」と一気に評判アップ

「お礼の連絡は社会人としての基本」と教えられた方も多いのではないかと思います。

上司や先輩にごちそうしてもらったあと、何かを手伝ってもらったあと、贈り物をもらったときなど、ビジネスシーンではお礼の場面が数多くあります。

しかし、どのタイミング、どのような手段、どのような言い方でお礼を伝えればいいのか悩むこともあるでしょう。

基本的に**お礼の連絡は「すぐに」**と考えてください。

たとえば、ＳＮＳでメッセージをもらったら、メッセージを返信しますよね。

私たちは、誰でも「相手から何かを与えられると、それを返さなくてはいけない」という気持ちになります。

逆に、ＳＮＳでメッセージを送っているのに、返信がなかったら「なぜ?」と思ってしまいます。この「何かをもらったら、何かを返す」という心理は、ビジネスでも同じなのです。

あなたが外出中に担当しているお客様が来社し、お菓子の詰め合わせをお土産としていただいたとしましょう。

このような場合、帰社したらすぐにお礼の連絡を入れます。帰社してから、5分以内にできるといいです。できれば、電話がいいでしょう。もし電話が通じなければ留守電、携帯メールでもかまいません。

「わざわざ連絡くれなくてもよかったのに」とお客様は言うかもしれませんが、内心では嬉しいものです。そして、あなたへの信頼感もアップします。

お礼の連絡は〝超速〟が基本なのです。

また、あなたが何かお願いをして、相手が動いてくれた場合などは、なおさらお礼の連絡は必要です。

お客様に「どなたかお友達を紹介してください！」とお願いした場合には、**「紹介してもらった人とアポイントが取れた」「初回訪問した」「受注が決まった」**など、節目節目で連絡すべきです。

お客様から「もう連絡しなくてもいいよ。あなたが思うようにしていいから」と言われるまでこまめに連絡します。

自分がしてあげたことに対して、そこまでお礼を言ってくれる人のためには、「次回も何か協力してあげよう」と思うものです。そうすることで、次回相手と一緒に仕事をするときに、これまで以上にあなたの思う通りに仕事が進めやすくなるはずです。

お礼の連絡はスピードが最重要

× すぐに連絡しない

○ お礼の連絡は〝5分以内〟にする

「何かをしてもらったら、すぐにお礼する」姿勢で、
仕事もプライベートもうまく回り出す!

第 5 章

仕事が驚くほどスムーズに進む相談の秘訣

Basic works of Hourensou

Basic works of Hourensou

23

できる人は「相談」の使い方が驚くほどうまい

!

上手に頼ることが信頼関係につながる

成長する絶好の機会

「こういうケースでは、どう対応すればいいのだろう?」
「今進めている仕事のやり方でいいのだろうか?」
「発生したトラブルを、どのように解決すればいいのだろうか?」

このように、仕事をする上で判断に迷ったり、疑問に感じること、あるいは一人では解決できない事柄は多く出てくるでしょう。

そんなときに、上司、先輩、同僚から意見やアドバイスをもらうために、「相談」をどんどん活用することをおすすめします。

相談するということは、今あなたが抱えている仕事上の問題を解決することなのです。

上司が若手社員に求めているのは、「仕事ができる人」ではありません。
「報連相ができる人」を求めています。1日でも早く、そうなってもらいたいと願っています。

そして、なかでも相談が上手くできるようになってもらいたいと思っています。

なぜなら、**相談できる人が、結果として仕事ができる人になっている**からです。

報告、連絡は他者のために行うことが多いのですが、相談は自分のために行うことがほとんどです。

「相談する」ということは、自分が成長する絶好の機会なのです。

「これは相談したほうがいいかな？」という考えが少しでも頭に浮かんだら、即相談するのがいいでしょう。

自分を過信すると、ミス連発の原因に

しかし、上司や先輩にいざ相談しようとしても、「そんなこともわからないのか」とあきれられたり、なかなかタイミングがつかめずに、相談できないということもあるでしょう。

また、2～3年仕事をしていると、なんとなく〝わかった気〟になってしまうこと

相談するか、しないか迷ったときは…

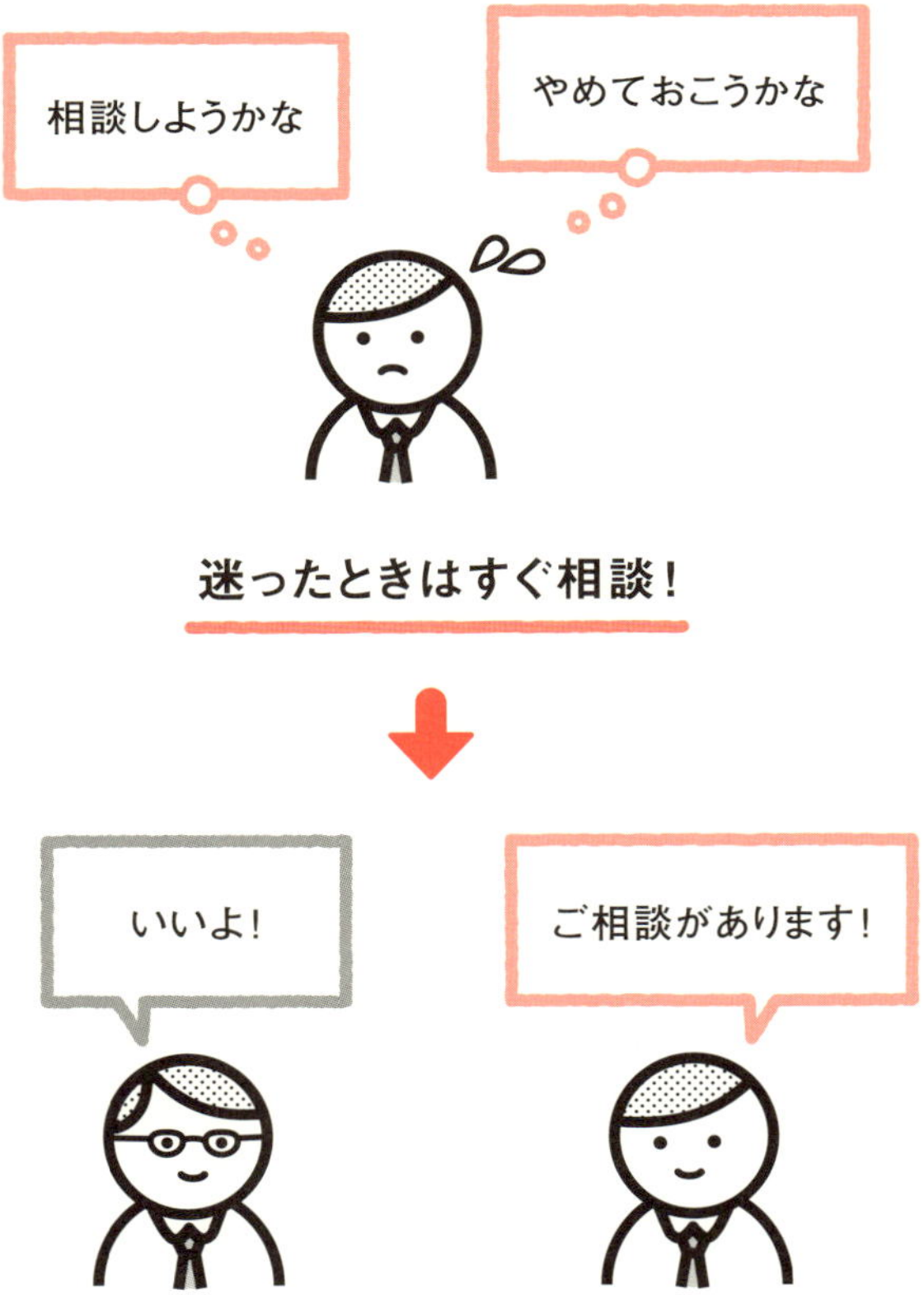

**一人で抱え込まずに、
すぐに相談しよう!**

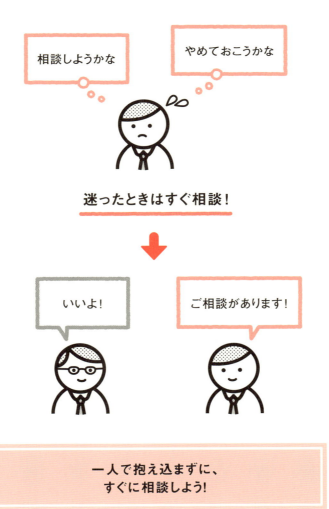

もあります。

私にも経験がありますが、誰にも相談せずに「このやり方で正しい」と思い込んでしまうと、ミスをしてしまうものです。

そんなときには、「相談の判断基準」を自分の中に持ってみてください。

「相談しようかどうか、迷ったときは相談する」という自分なりの基準があれば、悩むたびに基準がぶれることがなくなります。

上司の本音としては、相談なしに何でも自分で決めて成果を出す部下を頼もしく思う一方で、「大丈夫だろうか」といった不安や、少し寂しい気持ちを持っていることもたしかです。

そこで、上司や先輩には普段からいろいろと相談をするようにしてみましょう。

くり返しになりますが、報連相とは日々のコミュニケーションから成り立ちます。頻繁に相談することも、上司や先輩との信頼関係につながるのです。

こまめに相談することで上司との接触頻度を増やし、今まで以上に信頼関係を築いていきましょう。

そして、相談した結果、もらったアドバイスを素直に実行したり、うまくいったことを報告すれば、上司からの好感度も上がり、スムーズに仕事を進めやすくなります。

Basic works of Hourensou

24

「自分一人でなんとかしよう」は二流の発想

!

関係者を味方につけて仕事を高速化

詳しい人に教えを乞うのが早い

相談することのメリットは、「上司と信頼関係を築くことができる」だけではありません。

うまくいかない仕事やトラブルについて相談することで、上司や関係者を味方につけることができるのです。

上司から与えられた仕事に対して、最後まで責任感を持ってやり抜く気持ちは、もちろん大切です。

しかし、自分一人の力では仕事が進まないときに、「自分でなんとかしよう」「誰にも頼らず、自分だけの力で頑張ろう」と考えてしまってはいけません。

なぜなら、相談することが遅くなり、大きなトラブルになりかねないからです。

自分ではどうしようもなくなる前に、上司や先輩に相談し、どんどん他者の知恵を借りましょう。そうすれば、質の高い仕事をすばやくできるようになります。

では、誰に相談すればよいかといえば、やはり一番多い相手は上司ということになるでしょう。

ほかにも先輩、後輩、ときには社外の関係者・専門家ということもあるかもしれません。あなたが迷っていること、疑問を感じていることに対して、参考になる意見やアドバイスをしてくれる人であれば、誰でもかまわないのです。

「えっ、後輩に相談？」と思うかもしれませんが、実際にはよくあることです。

たとえば、上司から今年度の新製品説明会で使用する投影用スライドを作成するように指示があったとします。

もしあなたがスライド作成に不慣れであれば、スライドの作成方法、プレゼンソフトの操作方法については後輩に相談したり、操作方法を教えてもらうこともあるでしょう。

「誰に相談するか」相談する

先ほどもお話ししたように、相談する相手は上司だけとは限りません。

そこで、「誰に相談するのか」を上司に相談する、という方法もあるのです。

上司が推薦した人に相談に行けば、上司も「○○さんが言うなら」とあなたの案に賛成してくれます。

また、**相談した相手もあなたの味方につけることができる**のです。

相談することで、上司や関係者をどんどん巻き込んでいけば、一人で悩むよりもスムーズに仕事が進みますし、トラブルが起きることもないでしょう。

Basic works of Hourensou

25

後回しにされない相談のベストタイミング

!

余裕があるときしか
じっくり聞いてもらえない

上司のスケジュールをつかんでおく

「今日は上司の機嫌が悪そう……」
「やっと帰ってきたと思ったら、また次の打ち合わせに出かけてしまった……」

いざ相談しようと思っても、このような状況だと、なかなか相談しにくいですよね。
また、相談すること自体怒られるのではないかとビクビクしてしまい、「相談する勇気が出ない」「相談するのを躊躇してしまう」という悩みを、多くの方から聞くことがあります。

しかし、この章ですでにお伝えしている通り、相談とは「問題解決」のための手段なのです。**質の高い仕事をするため、ミスやトラブルを避けるためにも、一刻も早く相談する勇気を身につけましょう。**

では、どんなタイミングで相談すればよいのでしょうか？
まずは、相談するタイミングをつかむ練習をしましょう。

相談するタイミングをつかむコツは、普段から上司のスケジュールを把握しておくことです。

いざ相談しようとしても、上司のスケジュールによっては後回しにされることもあります。また、報告や連絡と違い、相談には時間がかかる場合が多いです。

それに、時間があったとしても、その場で解決しないことも多いでしょう。

さらに、切羽詰まった状態でいきなり相談をしに行くと、次のように後回しにされてしまうかもしれません。

部下「課長、ご相談があります！」
上司「悪いけど、今から出張なんだ。来週の水曜日まで帰らないから、木曜日でいいか？」
部下「あっ、はい。わかりました（もっと早く相談しておけばよかった……）」

このような状況にならないためにも、早め早めに動くことが必要です。

上司のスケジュールを把握するということは、**「上司の余裕がありそうな時間を見**

つける」ということです。

逆に、上司が忙しそうな時間帯も把握できるので、話しかけるべきタイミングを見極めることができます。

このように上司のスケジュールを把握することで、相談するタイミングを失うことも後回しにされることもなくなりますし、相談する相手への気配りもすることができます。

「その後」を必ず伝える

ほかにも、相談相手に対する気遣いが必要なことがあります。

それは、相談したあとの結果報告やお礼です。

意外と忘れてしまう人が多いので、ここは気をつけなければいけません。

相談した人は、アドバイスがもらえたことで完結したと思ってしまいます。

ところが、相談された相手にしてみれば、まだ完結していません。

自分がアドバイスしたことを実行したのかどうか、アドバイスが役に立ったのかど

うか、結果がどうなったのか気になったままなのです。

ですから、アドバイスをもらった結果についてもちゃんと伝えるようにしましょう。

あなた「△△先輩ありがとうございました。アドバイス通りに分析した結果、とても説得力のある調査になりました。課長からもほめられました。本当にありがとうございました」

先輩「そうか、よかったな。またわからないことがあれば、いつでも相談して！」

このように、相談相手に対する配慮も忘れなければ、また次回相談したいと思ったときにも「○○さんのためなら……」と時間を割いてくれるはずです。

そういった人を周りに増やしていくことで、あなたの仕事はどんどん進めやすくなっていきます。

上司に快く相談に乗ってもらうために

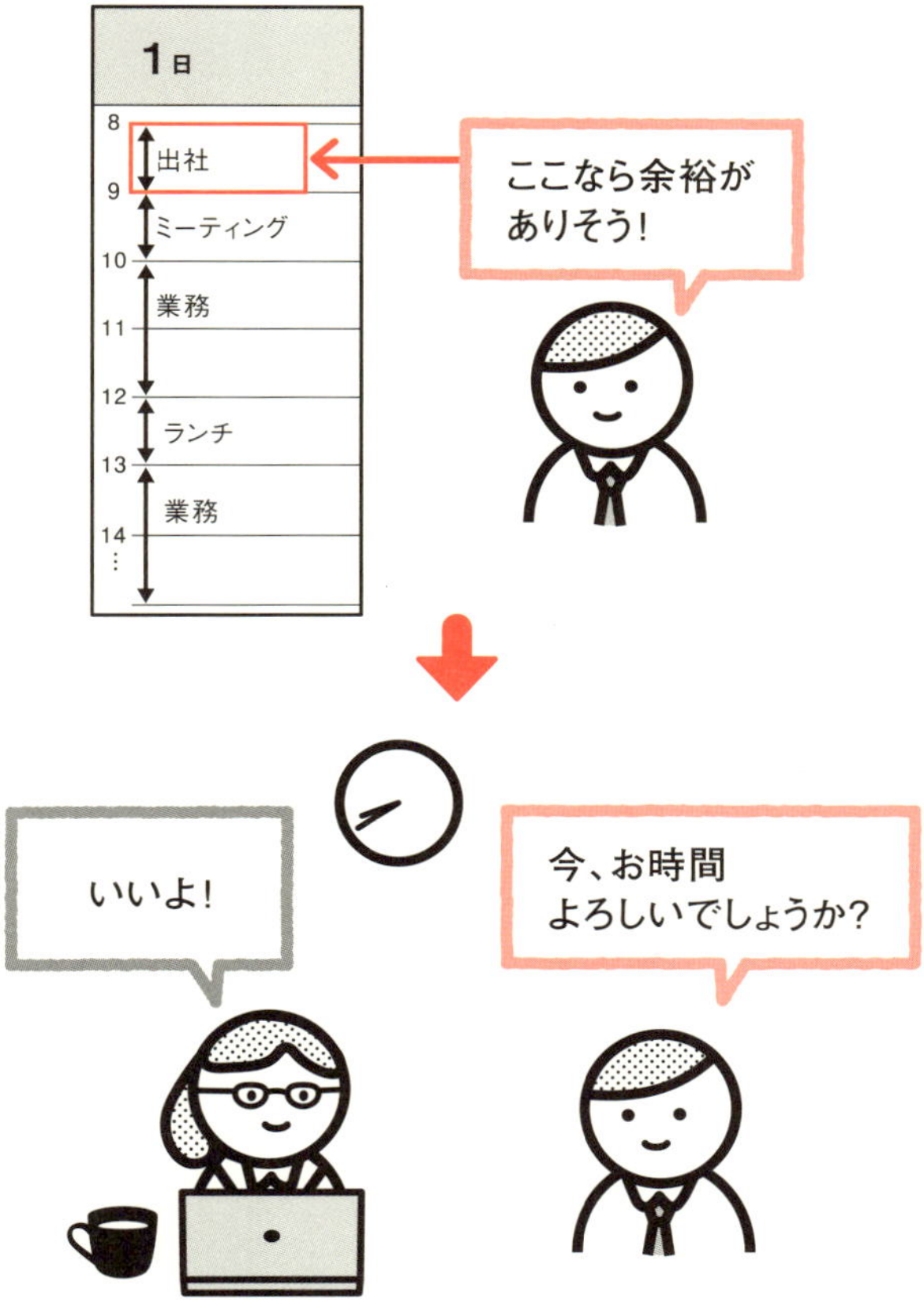

上司のスケジュールを
把握する習慣をつけよう!

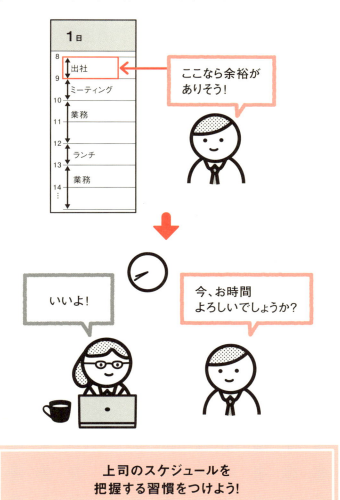

Basic works of Hourensou

26

「丸投げ」では何も教えてもらえない

!

「どうしたいの？」と
聞かれて固まる人が多い

自分なりの意見が必要

上司や先輩、関係者に相談することで仕事は一気にスムーズに進みます。

しかし、「とりあえず相談しよう!」という考えはNGです。

相談といえども、考えることを上司に丸投げして、すべて任せてしまうのはよくありません。

「少しは自分で考えろ!」と言われてしまう原因になります。


研修の中で「上司に相談しても、『どうしたいの?』と聞かれてしまって答えられなくなる」という相談を受けることがあります。

「どうしたいの?」と上司から聞かれると、固まってしまう方が多いようです。

しかし、上司も自分の意見がない部下には、手取り足取り教えてあげようとは思いません。


「自分なりにいろいろと考えているものの、どうしても結論が出ないので相談してきた」ということであれば、手助けしてあげようと思うものです。

「今はこういう状況で、問題を抱えているから、(手っ取り早く)解決策を教えてください!」というスタンスでは、あなたの評価を下げる原因になってしまいます。

「私が考えた答えは〇〇です。そこで、その考えに対して、アドバイスをもらえませんか?」という姿勢で相談に行けば、上司から的確なアドバイスをもらうことができ、あなたへの評価も変わるはずです。

このように、自分なりの考えや意見を持って相談することで、上司に限らず相談相手は親身になって相談に乗ってくれるようになります。

抱えている問題を分解して「仮説」を立てる

「仮説」とは、仮に考えた説、答え、結論ということです。

「今ある情報をもとに、仮の結論を考えること」であり、現時点で考えられるベストな答えのことです。

限られた情報の中でも、まず一度答えを出すということが、ビジネスではとても重要です。

そして、相談では「仮説」を立てることがとても大切なのです。

仮説を立てるために、まずは抱えている問題を整理していきましょう。次の「問題の8段構造」を使って問題を構造化することで、情報を整理することができます。

①目的：最終的なゴール、目指すところ
②目標：あるべき姿、達成すべきレベル
③現状：現在のレベル
④問題：目標と現状とのギャップ
⑤原因：問題が発生した（複数の）原因
⑥問題点：対処すべき真の原因
⑦課題：問題解決のためにやるべき事柄、問題点の解消
⑧解決策：課題を遂行するための具体的アクション

この8段構造が頭に入っていれば、今はどこのステップに位置しているのかということが明確になり、状況を相談相手にわかりやすく伝えることができます。

当然ですが、相談する時点では、ステップの途中までしかわかっていないので、相談することでステップ８（解決策）を目指すことになります。

仮説を立てる際には、８段構造の中でも「目的」「目標」「現状」をはっきりさせておくようにしましょう。

仮説の精度は、せいぜい80％程度でかまいません。あとは、相談相手からの意見やアドバイスによって１００％に近づけていければいいのです。

また、仮説を立案する際の注意点として、情報やデータを客観的に扱いましょう。

そして、相談相手からはいろいろな質問もあるはずです。そうした質問にも答えられるような準備として、データや資料をしっかり揃えることも忘れてはいけません。

相談する前に情報を整理する

例　Aさんに契約を更新してもらう

①	目的	Aさんに契約を更新してもらう
②	目標	ワンランク上のプランでの契約更新
③	現状	Aさん検討中
④	問題	契約更新を迷っている
⑤	原因	・価格が高いと思っている ・サービス内容に不満を持っている
⑥	問題点	サービス内容に不満を持っている
⑦	課題	満足いくサービスを提供する
⑧	解決策	「契約したい」と思ってもらえるサービス内容を検討する

「問題の8段構造」で、相談相手にわかりやすく伝えることができる

Basic works of Hourensou

27

具体的なアドバイスを引き出すポイント

!

何に関する相談なのか
明確にする

・・・

「ご相談があります」は魔法の言葉

事前準備をしっかりと行い、相談相手のスケジュールも把握し、問題を整理したら次のステップです。

毎日の仕事の中で、どうしても「今相談したい！」と思うこともあるでしょう。

そんなときや、なかなか相談するタイミングがつかめないときには、ぜひ最初に「相談があります」と切り出してみてください。

「相談があります」と切り出す最大のメリットは、相手の都合が確認できることです。

報告や連絡に比べ、相談には時間がかかり、相手にとっても負担が大きくなります。

「相談があります」と切り出すことで、相談相手も「相談か。じゃあ、これくらいの時間がかかるな」と大まかな時間の計算ができます。

本当に時間がないなら、あとで改めて時間を割くなどの対処をしてくれるはずです。

具体的に相談に乗ってもらうためには、次の4つのステップが基本となります。

①　何に関する相談なのかを伝える（相手の都合を確認する）
②　現状について伝える（問題の８段構造で整理する）
③　自分の考え、答えを伝える（仮説に基づいて考える）
④　相手に意見、アドバイスを求める

例に当てはめて考えてみましょう。

部下「部長、A社のデータ調査の件でご相談があります。今、お時間よろしいでしょうか？」

部長「今ならいいよ」

部下「ありがとうございます。これから各項目の詳細について分析するのですが、○○の部分でどのように進めていいか迷っています。私としては……。部長のご意見を聞かせていただけないでしょうか？」

部長「そうだな、基本的には同じでいいと思うよ。ただ……」

ここで、部長はあなたからの相談の申し入れに対して、「今急ぎの仕事をしているけど、A社のデータ調査の件なら、おそらく2、3分で終わるだろう。だから、相談に乗ってあげることができる」と、その場で判断したはずです。

でも、仮に「A社のデータ調査の件」とは伝えず、単に「今、お時間よろしいでしょうか？」と聞いていたら、「ごめん、今忙しいからあとにして！」と言われてしまっていたかもしれません。

「A社のデータ調査の件でご相談があります」とひと言添えるのと、添えないのとでは大きな違いです。

また、相談は5分かかるのか、10分かかるのか、見積もりしづらいものです。

そのため、**「あとでお時間いただけますでしょうか？」**とか**「ご都合がよろしいときにお声がけいただけますでしょうか？」**といった配慮も必要になります。

「お聞きしたい」より「教えていただきたい」

また、相談をする際の切り出し方にはこんな例もあります。

たとえば、あなたが後輩から相談を持ちかけられたとします。

そのときに、「先輩、お聞きしてもいいですか？」と言われるのと、「先輩、教えていただいてもいいですか？」と言われるのとでは、受ける印象がまるで違うと思いませんか？

「お聞きしたい」と言われると、何を聞かれるのだろうかと少し警戒してしまいます。でも「教えてください」と言われると、自分が優位な立場のまま、教えてあげようという気にもなります。ほんのわずかな違いなのですけどね。

後輩「先輩、Ａ社のデータ調査の件、教えていただいてもいいですか？」

先輩「（教えるんだったら）今いいよ」

このように、報連相する際には、相手の自己重要感を刺激することで、快く相談に乗ってもらえるということも覚えておくと便利でしょう。

相談の切り出し方

✕「お聞きしたい」と切り出す

○「教えていただきたい」と切り出す

「教えていただきたいです」と言うと、
相手が気持ちよく教えてくれる！

Basic works of Hourensou

28

相談の形で説得する「3つの選択肢」法

!

上司が決断したという状況づくりを

イチ押し案を真ん中にはさんで

相談は、相手を説得したいときにも有効な手段です。

たとえば、商品開発プロジェクトも順調に進み、無事に商品が完成したとします。

そして、最終の価格設定の段階になり、プロジェクトメンバーの総意として定価5万円が妥当であると決定しました。

ただし、最終的な価格を決めるのはリーダーの課長です。

このあと、課長に対して「メンバー全員で話し合った結果、定価5万円と決まりました」と報告し、承認を得なければなりません。

この場合、どのように話をもっていけば、課長は「ＹＥＳ」と言ってくれるでしょうか？


これまでの話し合いの経過や、価格の妥当性を論理的に説明して納得してもらう、という方法がありますが、ほかにもあります。

それは、**課長が決断したという状況をつくることで、説得するという方法**です。

その前に、ちょっと考えてみましょう。

仮に、あなたが休日に友人とランチをすることになったとします。

メニューには3つのランチコースが書かれています。

Aコース…500円
Bコース…1000円
Cコース…1500円

あなたならどのコースを選びますか？

多くの人はBコースを選ぶでしょう。

なぜなら、真ん中のコースだからです。**実は、私たちはいくつかの選択肢を示されると、両端を嫌い、真ん中を選ぶ傾向があります。**

そこで、こうした人間の心理を応用して、上司に相談してみるといいでしょう。


部下「課長、新商品の価格設定の件でご相談があります。メンバーで議論を重ねた結

果、最終的に3つまで絞り込みました。A案3万円、B案5万円、C案7万円です。課長のご意見をお聞かせいただけないでしょうか？」
課長「そうだな、B案が一番良さそうな気がするけど」
部下「わかりました！　では課長のおっしゃるようにB案にします」

この方法なら、課長の意見を尊重していますし、結果として課長が決断したという形になります。

課長を説得するのではなく、相談することで最も好ましい案を課長自ら選び、納得してもらったのです。

違った案を選ばれたら、やってみるのも大切

ここで気をつけたいのが、意見やアドバイスをもらった相手を尊重し、否定しないで、まずはやってみることです。

「せっかくのアドバイスなのですが、今回のケースには当てはまらない気がしまして」など、否定したい理由はいくらでもあるかもしれません。

しかし、せっかく相談に乗ったのに、頭ごなしに否定されては「だったら最初から聞くな！」と上司を怒らせる原因にもなります。

そうした固定観念を一度外して、素直な気持ちで受け入れるということも、ときには必要です。

実際に動いてみた結果、思うように物事が進まないようなら、軌道修正はいくらでも可能なのですから。

上司の承認を得るために…

3つの選択肢を提示しながら相談し、上司自らが決断したと思わせる工夫を

Basic works of Hourensou

29

反論はＮＧ。一度受け入れて再質問を

!

感情を逆なでせず、
うまく話をもっていく

聞きたい答えが返ってこなかった…

「せっかく上司に勇気を出して相談したけど、聞きたい答えが返ってこなかった」
「聞きたかった答えじゃないけど、もう一度聞けないし、結局わからないまま」

相談したけれど、上司から聞きたい答えを聞けずに、このような思いをしたことはありませんか？　コミュニケーションでは、どうしても相手に伝えたい意図がうまく伝わらないこともあります。

そんなときは、上司から聞きたい答えを引き出す工夫も必要になってきます。
まず、上司と部下の行き違いの例を見てみましょう。

部下「次回C社訪問の際に、提案書を持って行きたいと考えています。先方はコスト意識が高い方なので、とくに価格面について訴求したいと考えています。課長のご意見を伺えますでしょうか？」

上司「そうか、提案書を持って行くんだな。先方の担当者は○○さんか？　○○さん

はけっこう気難しい人だと聞くから、失礼のない態度で接しないといけないな。そしてまずは信頼関係を築くことが大切で……」

部下側としては、提案書の訴求ポイントが、価格面を強調したものでよいのかどうかを聞きたいわけです。

しかし、課長はその点に触れず、まずはコミュニケーションが大切であることを説いています。

部下は内心、「もちろん、そんなことは十分わかっていて、これまで信頼関係を築いたからこそ、やっと提案までこぎつけることができたんですけど……」と反論したくなっています。

では、どうすれば上司から聞きたい答えを引き出すことができるのでしょうか？

「もう1点お聞きしたいことが…」と切り替える

先ほどの例で部下が反論してしまったとしましょう。

上司から聞きたい答えを引き出すテクニック

✕ 上司の話を頭から否定する

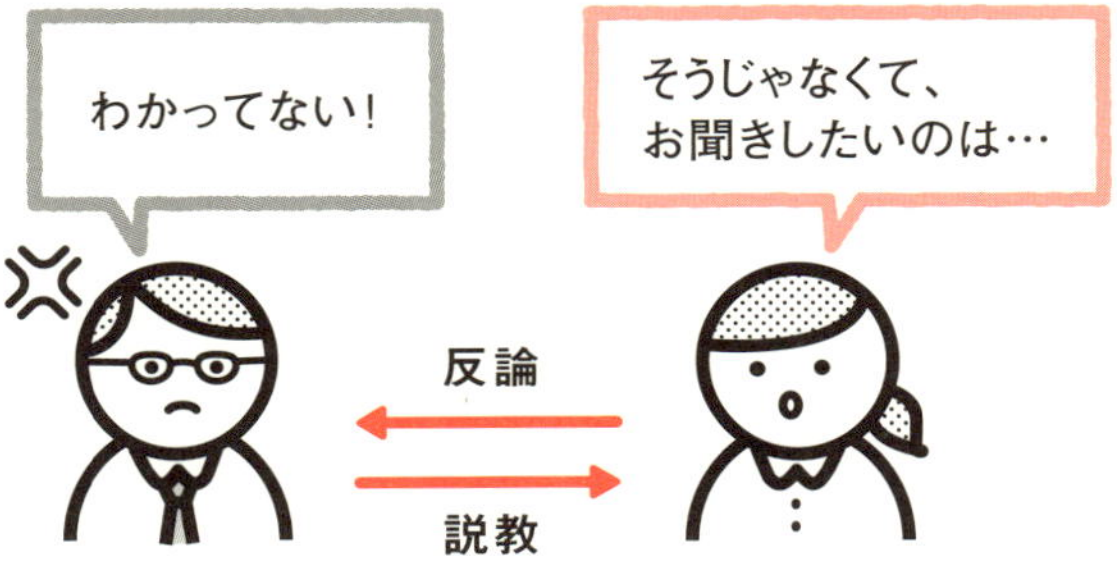

○ 一度受け入れて再度質問

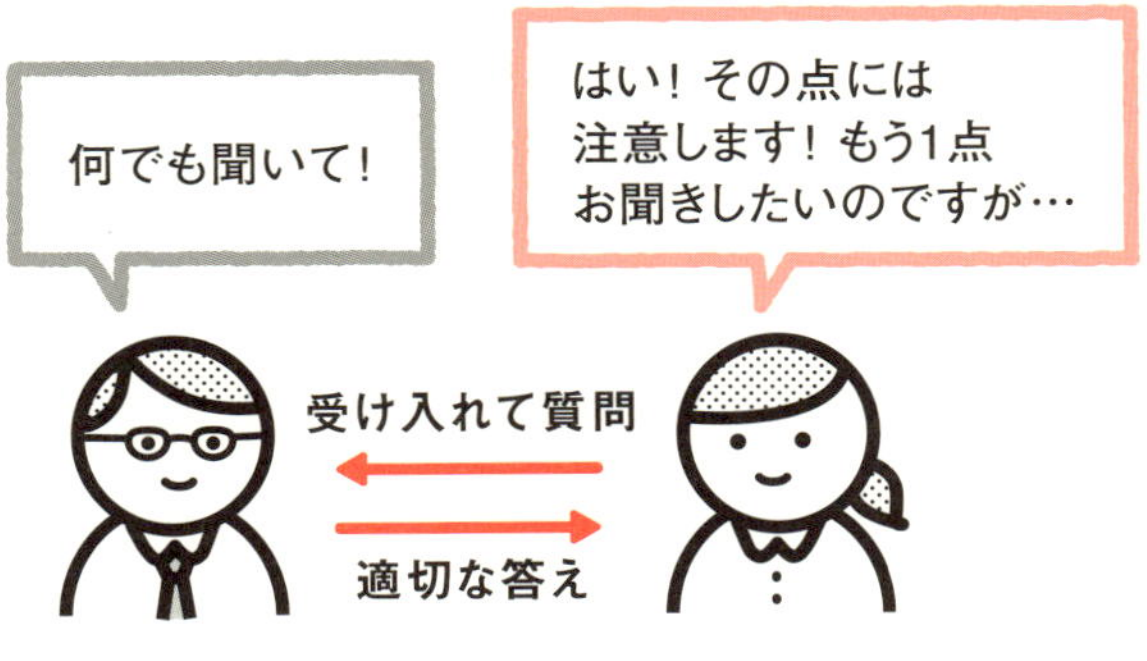

話を受け入れてから質問すれば、
確実に聞きたい答えが引き出せる

部下「課長、そうではなくて、私がお聞きしたいのは価格面を強調した提案書でいいのかどうかということで……」

このように即座に否定してしまうと、上司も否定したくなるものです。

「いや、そうじゃないんだよ。わかってないのは君のほうだ！」と、上司の話はさらに長くなり、聞きたいことも聞けないままです。

そんなときには、聞きたい答えではないとしても、一度肯定的に受け入れるのがポイントです。

「たしかに信頼関係は重要ですね。当日は失礼のないような態度で臨みます。ありがとうございます」と、ここで課長の話をいったん受け入れて、話を終了させます。

そして、改めて聞きたいことについて質問して、聞きたい答えを引き出します。

相談とは、仕事をスムーズに進めるための「根回し」でもあります。

相手を味方につけて、自分にとって仕事を進めやすい環境づくりが不可欠です。

切り出し方、話の受け入れ方を少し変えるだけで、仕事は驚くほどスムーズになり、信頼も勝ち取ることができるのです。

第6章

上司の「YES」を引き出す! 上に行く人の報連相

Basic works of Hourensou

Basic works of Hourensou

30

普段のコミュニケーションが、結局は物を言う

!

報連相の場だけが
意思疎通の場にあらず

仕事以外の雑談で信頼関係が深まることも

　本書ではしつこいぐらいに「報連相する相手とは、信頼関係が大切だ」「報連相できる人は信頼される」とお伝えしてきました。

　とくに、上司に動いてほしいとき、どうしても自分の提案を通したいときには、やはり相手との信頼関係が大切になってきます。

　あなたと相手との間に信頼関係がなければ、そもそも報連相はうまくいかないのです。まずは、心のかけ橋を築くことで、あなたに対して好意を感じてもらいます。

　そこで試してもらいたいことは、**あなた自身の感情や経験を語る、つまり自己開示すること**です。

　たとえば、出身地、出身校、家族構成、趣味、特技、学生時代の思い出、成功体験などのプロフィールについて話します。

　それから、将来の夢、ビジョン、悩み、困りごとなどの心の内を開示するということでもいいでしょう。もちろん、無理のない範囲でかまいません。

誰でも頻繁に連絡を取る相手や、親しい人のためには何かをしてあげたいと思うものです。

それは上司や先輩も同じです。決して媚《こび》を売る必要はありませんが、仕事以外の雑談やコミュニケーションを通して信頼関係が深まる場合もあります。

まずは毎朝のあいさつにひと言加えて

自己開示以外にも、信頼関係を築く方法があります。

その一つの方法が、相手に関心を持つことです。

相手に対して関心を持つというだけでなく、相手が関心を持っている〝コト〟や〝モノ〟に関心を示すことも含みます。

たとえば、相手がゴルフ好きであれば、ゴルフに関心を持つことで価値観を理解できたり、共通の話題もできます。

もう一つの方法は、相手と似ている点や共通点を探すことです。

人は自分と似ている人、共通点がある人に親近感を覚えるものです。

出身地が同じ、大学の先輩後輩、同じサッカーチームが好き、同じ映画が好き、といった共通点があれば、それだけでお互いが好意を感じるものです。

しかし、どうしても会話が弾まない、苦手な上司だという場合もあるかと思います。

そのような場合は、無理に会話をする必要はなく、ひと言ふた言あいさつの場面を多くする程度でよいのです。

話す内容や時間の長さよりも、相手とどれだけ頻繁にコミュニケーションをとるかどうかが大きなポイントです。

Basic works of Hourensou

31

「聞き方」ひとつで上司を動かす

!

素直に、真剣に話を聞いているか
見られている

バックトラッキングやミラーリング

上司に動いてほしいと思う場面では、「聞き方」もとても重要です。

報連相では、相手に伝わるように話をしますが、それは単に一方通行で話をすればいいというものではありません。

報連相は双方向のコミュニケーションですから、**相手からの話を聞くことも大事な要素**と言えます。

上手に相手の話を聞く方法を身につけ、上司を動かしてください。

・あいづち&うなずき

あいづちを打つことで、「しっかり話を聞いています!」というサインになります。

「はい」「そうですね」「わかりました」「理解しました」といったあいづちに合わせ、うなずきも入れます。

・目を見て、笑顔で

相手の目を見て話を聞くことは基本であり、マナーです。パソコンやスマホを見ながら話を聞くのはＮＧです。

・バックトラッキング

相手の言葉を返すことで、聞いているサインになります。**相手の言葉をそのまま返したり（オウム返し）、相手の話をいくつかのポイントに要約して返す**というやり方です。

「ここまでのお話しをまとめると、次の３つということですね。１つ目は……」というように、くり返して確認することで、しっかりと話を聞いているという印象を与えられます。

・ミラーリング＆ペーシング

相手が手帳を開いたら、あなたもさりげなく手帳を開くとか、動きやしぐさを鏡に写しているかのように真似する方法です。

また、ペーシングは相手の話し方に合わせるやり方で、スピードやトーン、声の高低などを合わせます。

ほかにも、**「相手の話を途中で遮らず、最後まで聞く」「固定観念や先入観を持たず、白紙の状態で話を聞く」「評価や間違い探し、批判をしないで聞く」**といったことも、とても大切になります。

また、上司を役職名だけで呼ぶのではなく、「○○課長」などと名前で呼ぶことも距離を縮める有効な方法です。

ぜひ試してみてください。

Basic works of Hourensou

32

さらにレベルアップ、説得話法を身につける

!

上司に動いてもらうために

過去の事例や前例を引き合いに出す

上司から仕事の指示があり、その指示に沿って部下が動くといった、「上司が部下を動かす」という構図は当たり前のことです。

しかし、反対に部下が上司を動かすということは、とても骨の折れることです。

では、部下側が上司に動いてもらいたい、あるいは説得したいと思ったら、部下としてどのように話を展開すればよいのでしょうか。

部下が上司を動かすときのポイントとして、

① **具体的な事例や数字を使う**

② **感情面で訴える**

の2つがあります。

ビジネスは、過去の経験や実績に基づいて成り立っています。

初めて取引する業者より、何年も付き合いのある業者のほうが安心して仕事を頼めるように、私たちは過去の経験や実績を信用する傾向があります。

ということは、**過去の事例や前例を上手に伝えることで、あなたの話を説得力のあるものに変えることができる**のです。

具体的な事例をさらに効果的に伝えるためには、ＰＲＥＰ法に沿って話を展開するといいでしょう。

Ｐｏｉｎｔ（結論）→Ｒｅａｓｏｎ（理由）→Ｅｘａｍｐｌｅ（具体例）→Ｐｏｉｎｔ（結論）の順序で話すと説明の説得力が増します。

ＰＲＥＰ法では、まず最初に結論を話します。

次にその結論に至った理由を話します。このあと具体例を話します。

とくに過去の事例や前例が効果を発揮します。

そして、最後にもう一度念を押すために結論を話します。

結論をくり返す「PREP法」

PREP法の特徴の一つに、**結論を最初に伝える**という点があります。

「結論を最初に伝える」というのはビジネスでは基本ですし、次の展開への関心を引く効果もあります。

また、最後にもう一度結論を話す〝サンドイッチ法〟によって記憶にも残りやすくなります。

それから、PREP法のもう一つの特徴は具体例です。

理論・理屈より、具体例はわかりやすく説得力があります。

ですから、**理論・理屈としての理由を話したあと、その理由を裏付けるための具体例を話すことで、説得力が何倍にも増す**ことになります。

たとえば、納入業者選定の件で提案する場面であれば、このようになります。

P：結論「今回の納入業者選定の件ですが、D社でお願いします」

R：理由「なぜなら、費用対効果が良く、評判もダントツだからです」

E：具体例「実は、ウチの横浜支社でもD社を採用しています。横浜支社の担当者に話を聞いたところ、自信を持ってすすめられました」
P：結論「ということで、今回はD社でお願いします」

このように提案されれば、上司としてもOKを出す可能性が高くなります。

PREP法は一見すると、4つのステップで話を展開しているように思えますが、よく見てみると、**結論と理由しか話していない**のです。

結論→理由→具体例→結論の第2ステップで理由を話し、第3ステップでその裏付けとなる具体例を話します。

つまり、形を変えて理由を2回言っているのと同じなのです。

説得にはPREP法がおすすめ！

P Point【結論】 → 納入業社はD社

R Reason【理由】 → 費用対効果、評判が良い

E Example【具体例】 → 横浜支社との取引実績

P Point【結論】 → 納入業社はD社

最初と最後に「結論」を伝えることで、説得力のある主張ができる

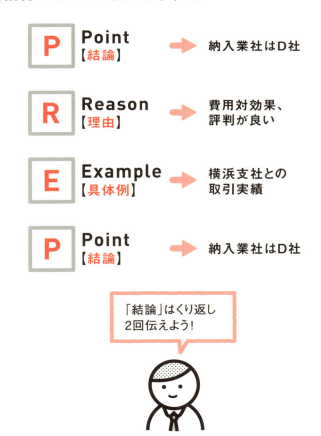

Basic works of Hourensou

33

ときには「感情面」へのアプローチも必要

!

感情的になるのとは違う

共感から納得してもらう

論理的で筋道が通っている話はわかりやすく、説得力があります。

ＰＲＥＰ法はその代表的な話法です。そのほかにも、数字やデータを使って説明することで、上司は「なるほど！」と言ってくれることでしょう。

一方で、「人は結局のところ感情で動いている」ということも言えます。

頭で理解できても、感情で納得しないと動かないということも、また事実です。

ですから、報連相する場合でも上司の感情に訴えることで、あなたの話を受け入れてもらいやすくなります。

もちろん、そのベースには普段からのコミュニケーションは欠かせませんが、上司の論理的な側面と感情の側面、この両方に訴えることで上司の納得感をアップさせるのです。

そこで、次のＤＥＳＣ法を使った話の構成が役に立ちます。

Ｄｅｓｃｒｉｂｅ（描写）↓Ｅｍｐａｔｈｉｚｅ（共感）↓Ｓｐｅｃｉｆｙ（提案）

↓Choose（選択）の順番で話す話法です。

まず、客観的な事実や状況を話します。次に、あなたの意見や思いを説明し、上司の感情に訴えます。そして、解決策や何らかの提案を行います。

最後に、提案を受け入れた場合と、受け入れなかった場合の結果について伝えます。

たとえば、上司からの業務指示に対して、業務開始時間をずらしてほしいとお願いする場面であれば、このようになります。

D：描写「大変申し訳ありません。今、ちょど○○の仕事に取りかかっています」
E：共感「しかし、指示いただいた業務は必ず行いたいと思います」
S：提案「○○はあと1時間ほどで終了します。そのあと取りかかろうと思っていますが、いかがでしょうか？　およそ30分あれば完成できます」
C：選択「それなら、15時からの会議には間に合うかと思います」

「感情的に説得する」のではなく「感情を込めて納得してもらう」ことが、あなたの要望を聞いてもらえる大きなポイントです。

要望を伝えるDESC法

D　Describe【事実や状況】 ← クライアントに送る資料作成が終わらない

E　Empathize【共感】 ← 指示されたデータのまとめは必ずやるという意気込み

S　Specify【提案】 ← 明日の朝一番に取りかかる

C　Choose【選択】 ← 15時からの会議に間に合う

自分の気持ちに共感してもらうことで、上司が納得しやすくなる

Basic works of Hourensou

34

報連相で「提案」までできたら、仕事の達人

!

やる気のアピールにもなる

部下の「こうしたい！」を心待ちにしている

前項で上司に提案するDESC法をご紹介しましたが、上司に提案をするというのは、少しハードルが高く感じる方もいらっしゃるのではないでしょうか？

しかし、部下からの前向きな提案に対して、「そんなよけいなことするな！」と言う上司はいません。

むしろ、「こうしたい！」という提案や、「こうしたほうがいいのでは！」といった具申をすることで、あなたに対する上司からの評価もアップするはずです。

第3章でご説明したように、報告では次のステップが基本となります。

「何に関する報告なのかを伝える」→「結論がどうなったのかを伝える」→「今後の展開を伝える」

通常の報告であれば、ここで終わります。

しかし、上司に動いてもらいたい場合では、「今後の展開」をさらに一歩進めて、

「提案」まで行います。

客観的な状況を事実に基づいて報告したあとに、上司に対してあなたの考えを伝えたり、提案してみるのです。

提案までのステップは次のようになります。

① 製品開発会議の件で報告があります。

② 懸案だった次世代機〝Z〟の発売時期を今年12月に決定しました。

③ 今後は次世代機〝Z〟の発売に向けて、販売促進チームの発足を予定しています。

そして、このあと提案をします。

「そこで、私としてはチームのメンバーは公募制で決めてみてはどうかと考えています。まずは私なりに素案をつくってみました。いかがでしょうか？　課長のご意見をいただけないでしょうか？」

こうして、相談という形を取りながら、提案します。

もしあなたの提案を承認してもらうことができれば、あなたの思った方向に仕事を

「憶測」の伝え方

✕ **誤解される**

・「○○みたいですよ！」
・「○○らしいです！」

○ **「正しい情報」ではないとわかる**

・「これは私見ですが～」
・「あくまで憶測ですが～」
・「～という意見を持っている人がいました」

進めることができるようになります。

それに、提案することで新しい仕事を創造することにもなるわけで、自立したビジネスパーソンとして、さらに一歩前進することができるのです。

事実と憶測は混同しない

報連相では、事実と憶測などを分けることも極めて重要です。

事実情報と、事実かどうかわからない情報（憶測・感想・意見・想像・予測）と混同しません。

そして、基本的には**「事実」→「憶測・感想・意見・想像・予測」の順番で伝えます。**

報連相では事実情報がすべてです。

その事実情報を伝えた上で、情報を補足するために、あなたの憶測や意見を伝えるようにします。

「これは私見ですが……」「あくまで憶測ですが……」といった言い方で、事実と憶測とを明確に分けるようにしましょう。

また、人から聞いた意見などを伝える際には、「〇〇〇みたいですよ」「〇〇〇らしいです」といった、あいまいな表現で報連相してはいけません。

「〇〇〇といった意見を持っている人がいました」というように、意見を持っている人がいる、という事実情報を伝えるようにします。

このように、事実情報か、あなたの憶測か、第三者の憶測なのかを整理して、誤解

なく情報を伝えることも、信頼されるビジネスパーソンへの近道です。

ビジネス基本書「会社では教えてもらえない」シリーズ！②

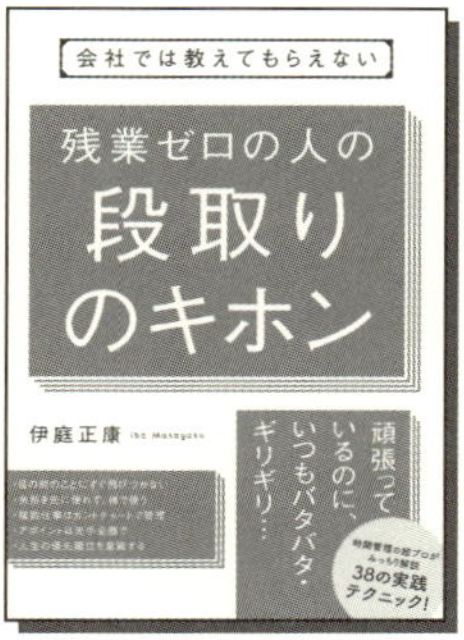

会社では教えてもらえない
残業ゼロの人の 段取りのキホン

ISBN：978-4-7991-0622-8
伊庭正康・著
本体 1,400 円＋税

第１章　頑張っているのに、いつもバタバタ、ギリギリ…
第２章　まずはここから始めたい段取りのキホン
第３章　どんな仕事も余裕で終わるスケジュールの極意
第４章　１分たりともムダにしない！時間の使い方
第５章　これで仕事もプライベートもうまく回る！

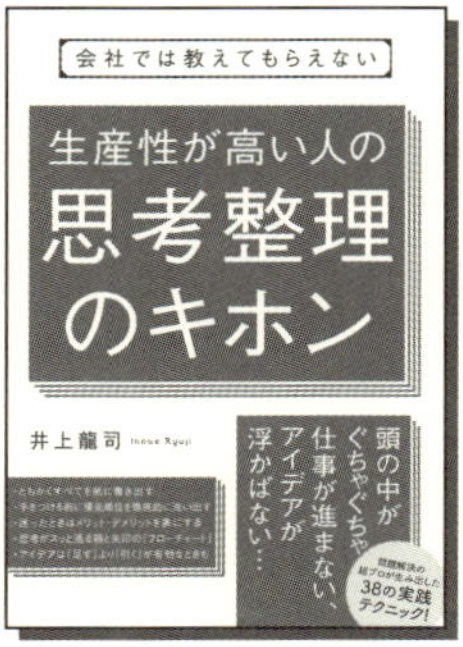

会社では教えてもらえない
生産性が高い人の 思考整理のキホン

ISBN：978-4-7991-0614-3
井上龍司・著
本体 1,400 円＋税

第１章　頭の中がぐちゃぐちゃ。全然はかどらない！
第２章　どんな仕事もスムーズに進む思考整理のキホン
第３章　「論理的に考える」が一発で身につく！
第４章　アイデアを効率的にどんどん出せる！
第５章　言いたいことがいつでもきちんと伝わる！

http://www.subarusya.jp/

〈著者紹介〉

車塚 元章（くるまづか・もとあき）

◇—株式会社ブレイクビジョン代表取締役。東京都出身、青山学院大学経済学部卒業、ビジネス・ブレークスルー大学大学院修了MBA。大学卒業後は新日本証券株式会社（現みずほ証券）に入社し、株式営業に従事する。

◇—26歳で経営コンサルティング会社に転職、この頃から研修・セミナーで講師を務めるようになり、30歳で経営コンサルティング会社を設立。さまざまなビジネス経験を通じて「人が変われば、会社や組織は変わる」ことを痛感する。また、ビジネスにおけるコミュニケーション力や、論理的思考力の重要性も強く感じるようになり、現在は人材育成コンサルタント、研修講師として活動している。

◇—主な研修テーマは、プレゼンテーション、ビジネスコミュニケーション、問題解決、報連相など多岐に渡り、管理職から新入社員まで幅広い層から支持されている。

◇—著書に『プレゼンできない社員はいらない』（クロスメディア・パブリッシング）、『伝え方で「成果を出す人」と「損をする人」の習慣』（明日香出版社）など多数。

会社では教えてもらえない 上に行く人の報連相のキホン

2017年12月24日　第1刷発行
2022年4月9日　第7刷発行

著　者——車塚元章

発行者——徳留慶太郎

発行所——株式会社すばる舎

〒170-0013 東京都豊島区東池袋3-9-7 東池袋織本ビル
TEL　03-3981-8651（代表）　03-3981-0767（営業部）
振替　00140-7-116563
http://www.subarusya.jp/

印　刷——株式会社シナノ

落丁・乱丁本はお取り替えいたします

ISBN978-4-7991-0663-1